仕掛ける力

売れる広報の鉄則

三井智子

広報プランナー・プロデューサー・コンサルタント
株式会社Office Me 代表取締役

合同フォレスト

はじめに

プランタン銀座から始まった広報人生

本書は、昭和の末から平成にかけての百貨店業界激動期の銀座で、「ＯＬのためのデパート」と言われて一世を風靡した「プランタン銀座」（２０１６年12月閉店、跡地：マロニエゲート銀座2＆3）で17年間広報として勤務し、その後、当時資本関係にあった銀座三越、広告代理店・読売エージェンシーへの出向を経て、ＰＲ会社「株式会社 Office Me」を立ち上げた広報キャリア約30年の私が、その経験と実績をもとに書き下ろした〝仕掛ける広報〟の実戦書です。

広報において大切な**「人とのつながり」「情報の収集の仕方」「メディアの視点」「仕掛ける企画力」**などを、私の携わってきた様々なプロジェクト事例を通してご紹介していきます。

まず、本書では「広報」を、ニュースをメディアに売り込む活動と捉えています。広告のように多額の費用をかけるのではなく、自社情報をメディアにニュースとして発信することで、テレビや新聞などに取り上げていただき、消費者や社内関係者、また株主や取引先などに理解を深めてもらうための日常的な活動です。

私が携わっていた広報のメインジャンルは、商品やサービスを扱う百貨店や商業施設の広報で、いわゆる消費者に向けての発信が中心でした。自社の商品やサービス、働く人に関する情報の収集・発信から、取材対応、社内へのフィードバックまで行っていました。

このような活動を積み重ねる中で、私が辿り着いた最も強力な広報の手法は「仕掛ける広報」です。話題になる企画立案をすることで、消費者や、メディアの方に興味を持ってもらい、顧客動員、売上向上、メディア掲載につながる広報。その企画の発想がいつのまにかメディア視点になっていました。

①時代の潮流を読み、商品やサービスを発掘し、メディアに売り込む
②このことによって話題性と売上がアップ
③メディアに継続的に取り上げていただくことで社会的な現象が生まれる

この①〜③一連の活動と流れ、そして結果を伴うことが広報の大きな役割でした。

約30年間の活動の中で、売上実績につながった好結果ばかりではありませんでしたが、時には、商品の売上が10倍以上になったこともあり、広告費換算（広告に換算した時の金額）が数億円、数十億円になったこともあります。時として、広報活動が経営戦略を実現するための一翼を担ったこともありました。

もちろん、一朝一夕に実現できることでも、私一人で行ったことでもありません。多くの方の協力があり、メディアの方やお客様の需要と、情報を提供する側とのバランスがうまくとれたからこその結果です。決して売上実績だけを一番の目的としていたわけではなく、「人の想い」や「人への感謝」を大切に活動してきたことで結果として実現したと思っています。

私の広報活動の基礎は、「プランタン銀座」という銀座にあった異色のデパートで培われたものでした。

プランタン銀座の社長は、男女雇用機会均等法が成立する前年の1984年、小売業界初の女性社長となった石井智恵子さんでした。「働く若い女性」にメインターゲットを絞った画期的な戦略を打ち出し、女性社員が7割を占める特殊な職場環境を生かして、女性の主体性やアイデアを尊重するオリジナリティーあふれる様々な商品・サービスを打ち出し、新たな市場を開拓されました。

「OL御用達のデパート」としてブレイクしたのは、石井社長の手腕以外のなにものでもないと思っています。「三井さんは広報が天職よ」が口癖で、まさに私をその言葉通りにしてくださった師匠です。

企業としての広報に関しては、実はマニュアルほぼゼロからのスタートでした。しかし数年後には、月200本のメディア掲載となるまでになっていました。そして、いつのまにかメディアの方から「何か取材できる話題はありませんか？」と声がかかるまでになったのです。

当時の社員の仕事は、次のとおりでした。

①「売場担当者」は、女性が欲しい商品を常に探し、買い付ける

②「サービス担当者」は、女性が喜ぶようなサービスを考える

③「販促担当者」は、女性を動員できるような斬新なイベントを行う
④「装飾担当者」は、女性が目を留めてくれるようなレイアウトや飾りをする

プランタン銀座で商品やサービスを求めるお客様は、トレンドに敏感で、しかも飽きやすく、新しいものを探しながら個性も求める20代、30代の女性たちでした。

このお客様に対して、プランタン銀座のスタッフは、自分だったらその商品が欲しいか？　いま何があったら嬉しいか？　何が楽しいか？　どんなものなら買いやすいか？　そんなことを考えて新しいことを提案し続けていました。

私も**「広報担当者」として「女性の読者や視聴者（お客様）が受け取る感情を第一の判断基準**にして広報に携わってきました。

お客様に「売りたい」「買ってもらいたい」、メディアの方に「取り上げてもらいたい」などを目標にするのではなく、「喜んでもらえるか？」「面白いと思ってもらえるか？」「目新しいと思ってもらえるか？」など、**先方の捉え方を基本に考え広報することで、メディアの方もより関心を持ってくれた**ように思っています。

ターゲットは常に女性。女性へのアプローチを意識した仕掛けづくりが基本です。

プランタン銀座の広報卒業後は、東京ガールズコレクションなどのイベントから、商業施設、地方自治体、サービスエリア、野菜・果物などの食材まで、様々なジャンルの広報に携わらせていただきました。

ｗｉｔｈコロナの時代、この状態がどのくらいの期間、世界中で継続するのか、まったく予測できませんが、リアルな現場が減少し、リモートワークが増え、ネット社会がさらに進化していくことは間違いないでしょう。

しかし、社会がどのように変容しようが**「ネタになる情報がなければ興味を持たれない」「ネタになる情報がないなら発掘する！」**が仕掛ける広報の基本にあります。

扱うジャンルや商品が様々でも、そうした広報の本質は変わらないということを改めて感じています。すっかりＳＮＳなどの手法もメジャーになっていますが、本書では、時代を超えても変わらない普遍的な広報の原理をお伝えできればと思っています。

各章末のコラム「働く女性広報としてどう生きてきたか」では、私事ですが、仕事を続けながら２人の男児を育て奮闘したエピソードを綴りました。社会に立ち向かう女性のリアルな状況をご理解いただく一助になれば幸いです。

＊なお、本書での「メディア」は、特にことわりのない限り「テレビ、新聞、ラジオ、雑誌」をさしています。

❖もくじ

第2章 仕掛ける広報のための人脈・仲間づくり

第3章 ストーリー性のある企画広報戦略で仕掛けをつくる

第4章 メディアの特性に合わせて情報発信を仕掛ける

エピローグ プランタン銀座の幕引き、新しい時代の広報

プロローグ

マニュアルのない生きた広報

ノウハウゼロからスタートしたほぼ一人広報

バブル景気に沸き、大らかな時代だった1988年。私は創業4年目の「プランタン銀座」に入社しました。入社当時、広報の専門的なマニュアルがなく、ノウハウゼロからのスタートでした。新入社員で配属された私は、いわば〝放任〟状態で、何をしたらよいかわかりませんでした。

マニュアルを作らないというのは、石井社長の方針でした。マニュアル人間にならないように育て、発想豊かな仕事をさせるためのやり方だったとのことです。これは、約30年経った今、ようやく知ったことでもありました。

フランス・パリに本店を置く百貨店プランタンとライセンス契約をして開業したプランタン銀座は、20代、30代のＯＬやキャリア層をメインターゲットにしたデパートとして話題となり、注目されていました。

コンセプトは、会社帰りの女性が立ち寄るデパート。女性限定のレストランやゴルフスクールなどを開設して、これまで業界にはなかった発想をもって、数々の新しいことを仕掛けました。若い女性の間で「プランタン銀座」の名前は認識され始め、大人の街・銀座に、若い人を呼ぶきっかけとなったのです。

とは言っても、老舗百貨店と比べると認知度はまだ高くはありませんでした。東京駅でタクシーに乗った際、「プランタン銀座まで」と言っても、「それどこにあるの?」と運転手さんに聞かれたことは一度や二度ではありません。新聞社の記者さんに電話した際には、「おい、プランタンというクラブのホステスから電話だぞ」と取り継がれたこともありました。

私は、女子大でフランス文学を学びましたが、「プランタン（日本語訳：春）」という名称が醸しだすフランスの香りに憧れを抱いていました。就職を考えていた時、ある雑誌に「プランタン銀座の広報担当者が社長のアテンドでフランスに同行」と書かれているのを見て、自分もフランスへ出張に行けると思い、広報を希望したのです。

当時のPRチームには、「業務室広報担当」（新聞、テレビ担当）と「販売促進部宣伝担当」

（雑誌担当：以下「販促宣伝」）の2つの部署があり、私は業務室広報担当に配属されました。

しかし、先の雑誌記事の広報担当者が社長のフランス出張に同行できた理由は、単に広報担当だからではなかった、ということが入社後にわかったのです。フランスへ同行した直属の先輩は、バイリンガルでフランス語に堪能だったので、社長のお供ができたのでした。

頼りにしていたその先輩も、私の入社数カ月後に結婚退職。上司は人事部兼任でしたから、現場は実質、私一人で切り回すことになりました。

先輩が退職するまでに教えてくれた広報の仕事は、メディアからの取材の受け方や新聞のスクラップ、プレスリリースの書き方などでした。そのリリースとて、どんな情報を盛り込めばいいのか短期間では習得できず、ただチラシと資料を写すだけで凌《しの》ぐ日々。先輩がメディア関係者の名刺を整理して残してくれましたが、譲り受けた名刺の方々とは私自身面識がないので、うまく活用できませんでした。

とにかく、広報の仕事だと思えることを自分流に考え、実施し、結果を分析したものを蓄積していく日々の繰り返し。**手探りでチャレンジと失敗を何度も繰り返しながら、メディアの方からノウハウを教わり、ベストな方法を少しずつ身につけていきました。**

広報の目

マニュアルのない「一人広報」として何ができるか。
地道なトライアンドエラーを重ねることが第一歩。

2 取材件数を増やして「待ちの広報」から「攻める広報」へ

新人時代の私は、毎日のルーチン作業（新聞を何紙も見て、百貨店業界関連の自社記事のスクラップ）をしながら、「はぁ〜広報ってつまらない」とため息をついてばかりでした。唯一楽しかったのは、たまに来社される記者さんへの取材対応でした。

記者さんを1階にあった「サロン・ド・テ・アンジェリーナ」（パリの老舗カフェ）に案

内し、取材対応をする社員を紹介したあと、2人の話を笑顔で聞きながら、おいしいカフェオレをすすっていれば済んでいたのです。

そのころは、自分で企画を立ててメディアに売り込むなどの発想もノウハウもまったくなく、連絡をいただいた取材にただ対応をするだけでした。しかし、そうするうちに、こんな気づきがありました。

「仕事を楽しくするには、メディアの方に来店していただく機会を増やせばいいんだ」

今から思えば、自分が楽しく仕事をしたいという発想からのスタートでしたが、「メディアの方と話せる」「知らない情報がもらえる」と考え始めると、にわかに広報という仕事が面白くなってきたのです。

1989年頃は、新聞記事で目につくのは老舗百貨店の情報ばかりでした。大丸、伊勢丹、三越、松屋、小田急、西武（すべて当時の名称）といった百貨店を舞台にして書かれた企業記事や売れ筋傾向の記事がほとんどでした。

ところがよく読むと、売れ筋傾向で取り上げられる商品は、プランタン銀座でも取り扱っていました。商品によっては、プランタン銀座のほうがより女性に人気があり、話題性が高い場合もありました。

「なのに、なぜこの記事は他の百貨店を対象にしているんだろう?」

そう疑問に思ったことから、私は**百貨店の記事の店名をすべて「プランタン銀座」に置き換えて読む**ようにしてみました。すると「この記事もあの記事もすべてプランタン銀座に変えても成り立つ内容だ」と気づいたのです。そして、「百貨店の記事をすべてプランタン銀座の名前にしよう」という目標を持ちました。

待つだけの広報ではなく、〝攻める〟広報活動に転じたきっかけでした。

3 攻めの広報の本質は、すべて現場にあった

現場にある商品やイベント、サービス、担当者、取引先などの空気感など、ありとあら

Aurevoir さよなら プランタン PRINTEMPS GINZA ㊤

「プラ地下」流行発信

デザートブーム 一翼担う

1984年にオープンした「プランタン銀座」（中央区）は年内で営業を終え、新年から「マロニエゲート銀座」として生まれ変わる。働く女性たちの憧れや夢をかなえる文化の発信地として、32年間にわたり「次の流行」を創りだしてきた百貨店の足跡をたどる。

ティラミス、クレームブリュレ、ナタデココ、パンナコッタ……。1990年頃から始まったデザートブームを引き起こす一翼を担ったのが、プランタンの地下にある食品売り場だった。いわゆるデパ地下だが、常に新しいことに挑戦するそのフロアは、「プラ地下」と呼ばれた。

88年創刊の女性向け情報誌「Hanako」で特集キャップを務めた島田始さん(67)は「ネタがなくて困った時にプラ地下に行けば、編集者たちの興味をひく一品が必ずあった」と回想する。

当時の老舗百貨店のデパ地下では、お中元やお歳暮に適したような有名店の菓子が目立つ傾向にあった。しかし、プラ地下には独自の視点で集められた目新しい商品が並んでいたという。

81年にチャールズ皇太子と結婚したダイアナ元妃が大人気となり、83年には東京ディズニーランドが開園した。欧米文化への憧れが強まる中、85年には男女雇用機会均等法が成立。プランタンは女性の社会進出が進み、女性が消費の王様と呼ばれる時代へと移り変わる過渡期に誕生した。

「ヨーロッパを象徴するパリの雰囲気をまとったプランタンは人とは違う自分を演出したり、自分へのごほうびを探したりし始めたOLたちを引きつけた」。島田さんはそう評する。

◇

オリジナリティーあふれる

プラ地下は、どのようにつくられてきたのか。

「新しいものをここから発信するんだという気概でやってきた」。プランタンで93年から食品担当をしてきた加園幸男さん(49)は自信に満ちた表情で語った。普段見る街の風景や日々のニュースから「次に何が来るか」を感じ取り、商品開発に生かす。数々のスイーツを流行させ、いつしか〝カリスマバイヤー〟と呼ばれた。そんな加園さんの思い出の一つが、一口サイズのたい焼き「プティカスタ」だ。

販売元のF・Pフーズを創業した冨田恭清さん(61)は「加園さんからあの言葉を聞いた瞬間、運命が変わった」と笑う。時は2002年春。魚をテーマにした「おさかな天国」という曲が大ヒット中で、前年には東京ディズニーシーが開園したばかり。「次は魚が来ます」。加園さんから耳元でそうささやかれた冨田さんは「それだ!」と直感し、すぐさまミニたい焼きをつくるための鉄板を注文した。

冨田さんがそれまでプラ地下で売っていたのは、同じ一口サイズでも、丸い菓子。「魚の形にしただけで人気が出るのか」。特注の鉄板は数百万円かかり、家族は反対したが2人には確信があった。初売りの5月2日、店の前には長蛇の列ができた。焼いたそばから、ぴょんぴょん跳ねるように袋に詰め込むパフォーマンスも評判になり、1日最大1万8000個も売れた。

「商品が持つ可能性を最大限に引き出すのが我々の仕事だった」。加園さんがそう話すと、冨田さんは「ヒット商品を生み出す経験をさせてくれたプラ地下は私の恩人」としみじみと語った。

11月に2週間限定で「プラ地下」に復活したプティカスタの売り場で思い出を語る冨田さん（左）と加園さん（11月29日、プランタン銀座で）

1984年4月27日のオープン初日の様子（プランタン銀座提供）

「母との楽しい思い出」

[redacted]さん([redacted])

全盲の母はおしゃれに関心が高く、生地の質感を手で確かめて服選びをしていました。流行にも敏感で、プランタンができた時は「銀座に小さなパリができる」と言って一緒に買い物にいきました。プランタンならではのデザインの服があったのに加え、店員さんが親切だったのもあり、2人とも常連になりました。プランタンには、昨年83歳で亡くなった母との楽しい思い出が詰まっています。

（2016年12月27日　読売新聞　夕刊）

ゆるものの動きを敏感に「察知して」、そこから次の「流行」「ニュース」「サムシング・ニュー」の情報を「発信」することに努めました。

情報を現場から待つだけではもったいない、積極的に探しにいく、時には企画をしながら販売し広報するこの一連の物語を、プランタン銀座では現場担当者とともに作り上げました。10年以上ブームが続いたデパ地下スイーツもその１つです（24ページ参照）。

◆銀座「デパ地下」の火付け役

１９９０年代から２０００年初期、プランタン銀座のデパ地下は、スイーツの企画を積極的かつ継続的に行い、話題を呼びました。雑誌編集者からは、スイーツの宝庫「プラ地下」と命名されるなど、メディアの方からも一目置かれる存在となったのです。

デパ地下ブーム誕生の陰には、流行の発信基地になることを目標に掲げて活動していたバイヤーの加園《かその》幸男《ゆきお》さん、販売促進部宣伝担当、業務室広報担当が三位一体で行った数々の取り組みがありました。

・1991年　ティラミス（雑誌「Hanako」［マガジンハウス］で特集後すぐに展開）
・1993年　ナタデココ（アジア食材として販売）
・1995年　カヌレ（1986年から展開していた「ビゴの店」よりブーム）
・1996年　ベルギーワッフル（東京初の催事展開を行い爆発的なヒット）
・1998年　エッグタルト（日本初のエッグタルト専門店として「ポルトガルキッズ」を誘致し爆発的なヒット）
・1999年　シューの皮の中にプリンが丸ごと入ったプリンシュー（期間・店舗限定スイーツを企画開始、「今ここでしか買えないスイーツ」）
・2000年以降　キャラメルデザート、ジンジャー（生姜）、はちみつ、シャンパン、シトラス、バジルなどを使ったスイーツ

このように、スイーツでは珍しい食材もテーマにして、時代の半歩先をいく商品を販売し、好評を博しました。

成功のポイントは、広報・宣伝チームと現場との「情報共有」ができており、各店舗も交えた面白いものを発信していこうという「提案力」があり、メディアの方へ売り込む

「タイミング」も、どこよりも早かったからだと思っています。

プラ地下のスイーツ売場は、他の百貨店と比較してフロア面積は狭く、出店していた店舗数も20軒ほどでした。一般的に、老舗百貨店の食品売上は、贈答品の比率が高いのですが、そこでの勝負ではなく「おもたせ」「自分用のスイーツ」を意識した展開で差別化を図りました。

だからこそ有名ブランドにこだわらず、百貨店初出店や東京初出店といった、他にはない目新しい店舗をあえて多く誘致していたのです。

個性のある魅力的な店舗を集め、プラ地下でしか販売していないスイーツを揃え、さらにプランタン銀座全体として様々なテーマでフェアを行っていきました。

たとえば、ジンジャーをテーマに、各店舗が得意とする分野で「競技」することで、さらに個性が際立つスイーツを作る。それを、プランタン銀座のプラ地下として、広報がメディアの方に売り込みます。

この時、広報がスイーツ情報を仕入れるのとほぼ同時に、タイムラグなくメディアの方へ新鮮な情報を渡す努力をしていました。

目新しいスイーツでかつ複数店舗での展開だからこそ話題になったフェアもありますが、「プラ地下に行けば、毎月おいしくてバリエーション豊かなスイーツが買える」という「物語」を成立させるために、バイヤーも店舗も広報も必死にアイデアを出しました。**物語が強固になれば、お客様の来店頻度が上がり、自ずと売上もアップ**します。お客様が先か、メディアが先か……終盤はどちらが先であったか、わからなくなるほどの火のつきようでした。

これらのブームを継続させるためには、お客様の期待を裏切らないおいしくて新しいスイーツを常に提案し続けることや、1つのヒットで満足せず、次の商品を企画して、0から売り出していくことが大切です。

プラ地下が話題となり、**売上も伸びた理由は常に新しい物語を作り、発信し続ける「継続力」**でもあったと思います。そして、複数のメディアの方が取材して、ほぼ毎日のようにプラ地下スイーツの情報を発信してくださったことは、日本に1店舗しかないプランタン銀座の名前が全国的に認知されたきっかけにもなりました。

第1章

ニュースを生む仕掛けづくりは、現場第一主義から始まる

1 ニュース性を高めた広報で広告以上の効果を上げる

現在は連日、テレビや新聞、雑誌、ネットから大量の情報が流れています。ニュースから、新製品やトレンドの情報、社長インタビューなど、企業価値を高めたり、店舗への動員、商品の売上に直結したりするような情報も頻繁に流れます。

皆さんの会社でも社長や各担当者から、メディアに載せてほしいという依頼が広報に寄せられていませんか？　いったい、どうすれば自社の情報をメディアに載せられるのでしょうか。

プランタン銀座では、当時、大きな広告宣伝活動といえば、夏と冬のセール時に行う新聞広告や交通広告、クリスマスシーズンに行う女性誌や情報誌へのタイアップ広告などでした。それは、他の歴史ある百貨店と比べれば、とても少ない広告量でした。売上の規模が違えば、必然的に広告宣伝にかける費用も異なります。

そこで石井社長は、広報活動に重きを置いて宣伝することを提唱していました。しかも広報に活動を命じるだけでなく、ニュースになりそうな商品サービスを展開するよう全社員に呼び掛けていたのです。

広報は、その情報を元に、テレビ局、新聞、業界紙への取材を依頼する活動に力を注ぎ、販促宣伝（パブリシティ）チームは、女性誌や情報誌などへの商品の貸し出しや、店舗・商品の取材対応、アプローチを行いました。そのかいあって、１９９０年代は、ほぼ毎日のように「プランタン銀座」の名前が様々なメディアに登場していたのです。

広報の目

広告宣伝に費用をかけられないならば、自社の取り組みの中に眠るニュースを売り込む。

2 現場からニュースを掘り起こすポイント

月に200本もの記事がメディアに出たこともあるプランタン銀座では、会社として訴求したいテーマとは別に、広報が現場から「人・モノ・コト」のネタを発掘し、各メディアに売り込んでいました。

会社には様々な情報が潜んでいますが、そこから**メディアが興味をもってくれるネタを発掘する**ことは容易ではありません。また、いくら面白いニュースだと思って売り込んでも、メディアの方に興味をもってもらえなければ意味がないのです。

自社の情報を発掘する、あるいはニュースにする際には、現場を知ることが最も大切です。

どのようにすれば現場を知り、現場からニュースを掘り起こせるか。これには2つのポイントがあります。

①自分の会社を熟知する

広報をするなら、まずは会社や売り込む案件にのめり込み、熟知すること。その1つの術として、今までメディアに掲載された記事やテレビ番組のＶＴＲがあれば、すべてに目を通すことです。そこから自社の強みを把握し、その記事、番組内容は何をポイントにしていたかを探ります。

メディアの方が取材してくださった内容は、その時代の「自社の強み、特徴、方向性」であったり、その時の「ニュース」であったりするのは間違いないはず。自社の歴史や情報を知るには近道であると思っています。メディア掲載がなければ、会社概要、ホームページ、社員からヒアリングすることからスタートです。

広報の感覚は、恋愛と同じだといえます。好みの人がいたらもっと知りたいと思い、知れば知るほど良い面も悪い面もわかってきて、多面的にその人を理解することができます。会社も同様で、知りたいという気持ちがあれば、様々な情報をいろいろな角度から見ることができ、より多くの情報も舞い込んでくるはずです。

②メディアの「なぜ?」を活用する

メディアの「なぜ」とは、「この商品はどれくらい売れているか?」「なぜ人気があるのか?」「他社の商品と比べての違いは?」「それは自社だけの傾向か? それとも業界全体の傾向か?」「どんな人が利用するのか?」「今後の目標は?」など、メディアからの質問事項のことです。

これらのポイントは必ず聞かれます。また、テレビで放送されているインタビューを見てもこのような内容で編集されているはずです。

一般的に、商品や人物をニュースとして取り上げる時には、それが生まれてくる背景やストーリー性が求められます。たとえば、行列ができているスイーツ店をテレビで取り上げる時には、どんな人が、どういう理由で、どのくらいの時間並んでいるのか? 何が魅力なのか? 商品の特徴や、他店との違いなどを放送しています。時には、それを開発したシェフの思いなども報じられます。

このような、人気の要因を具体化してくれる質問項目すべてが「ニュースの視点」になります。売り込みたい「人・モノ・コト」をストレートに見るだけではなく、様々な角度から掘り下げて、付加価値をたくさんつけて魅力ある形にすることで新たな広報の視点がみつかります。

　ヒントは様々な方との会話の中にもあり、自社の商品について「へぇー、そうなんですか」「すごいですね」「珍しいですね」と言われたら、メモのタイミングです。一般的に、人が驚いたポイントは、誰もが興味を示すポイントだといえます。そこにニュースが潜んでいることも多くあるはずです。

広報の目

まずは、自社、売り込む商品、サービスを熟知し、メディアのなぜを分析する。

3 自社情報と「3の法則」で実現したテレビ番組特集

メディアには、「一社の情報だけでは単に企業PRになるので避けたい」「市場や世間の動向を客観的に報じたい」という考えがあります。つまり、**自社の情報一つだけではなく、関連性のあるネタを3つ合わせることができれば、ニュースとして取り上げられる確率はグンと上がります**。これが「3の法則」です。

これまで、複数の客観的な情報が合わさることで、社会現象として取り上げられたことが多々ありました。

「3の法則」を活用した成功例の一つが「ハワイブーム」の仕掛けでした。ハワイが日本人の海外渡航先ナンバー1になる少し前の1990年代、ハワイから輸入した「アロハシャツのコーナー」が登場し、売場から売り込みの依頼がありました。プランタン銀座でしか販売していない限定商品もあり、とても人気だとのこと。しかしメディアの方に情報を伝えても「そうなんですか……だから？」と、聞く耳をもってくれませんでした。

そこで、「ハワイ」というもう少し大きな視点で情報を探してみました。すると、プランタン銀座のカルチャースクールでフラダンスの受講者数が増えていることがわかりました。とはいえ、両方とも自社の事柄でニュースにはなりません。他のカルチャースクールをいくつか調べたら、フラダンスの講座が次々に新規開設しており、銀座周辺にハワイアンレストランがオープンしたばかりという情報も入手できました。

早速、テレビ局の方に自社のアロハシャツだけでなく、客観的に「ハワイブームがこれから来そうだ」という動きについて、カルチャースクールやレストランの情報、実際の店舗名、オープン日など、調べたことをすべて伝えました。

すると、「それはひとつの『兆し』かもしれませんね！」という話になり、テレビ東京系列の経済報道番組「ワールドビジネスサテライト」が、アロハシャツの売場を取材に来てくださいました。それだけではなく、私がお話ししたすべてのお店に取材に行かれていたのです。

放送を見て感動したのと同時に、こうやってニュースをまとめるのかという勉強になった出来事でした。

第1章

それからは、「3の法則」を常に頭に置きながら、日常生活で入手したものも入れて情報を組み立てています。

「3の法則」を活用し、成功した例をもう1つご紹介します。

プランタン銀座から独立して株式会社 Office Me を立ち上げた3年目に、トーベ・ヤンソン生誕100周年を記念したムーミンの展覧会「MOOMIN！ ムーミン展」（2014年開催）の広報を担当させていただくことになりました。

ムーミンは、小説や絵本、アニメ放送によって日本で非常に人気のあるキャラクターです。作家のトーベ・ヤンソンさんのファンも多く、今でも幅広い年齢層に根強く親しまれています。

いくら人気があっても、ストレートな展覧会の情報だけでは、各テレビ番組がニュースと思う素材と合致しないかぎり、取り上げていただくことは難しいのです。展覧会のテレビ広報は一筋縄ではいきません。だからこそ、ニュースになる要素を盛り込んだり、展覧会オープン初日にタレントを起用して、テレビのエンタメコーナーを意識したイベントを行ったりすることも多くあります。

その時の「MOOMIN! ムーミン展」は、作品の展示とグッズの販売がメインでした。

そこで私は、プライベートの時間に気づいたある現象と先述の「ハワイブーム」で学んだ「3の法則」を活用することによって、テレビで取り上げてもらうことに成功しました。

①主役以外に目を向け、テレビディレクターの意見を聞くことで「3の法則」を揃えた

展覧会の情報以外にムーミンに関する動きはないかと探していくと、今まであまり見かけなかったのに、ムーミングッズがあちらこちらで売られていることに気づきました。しかも、不思議なことに主役はムーミンのはずなのに、「ちびのミイ（赤いワンピースに玉ねぎ頭の女の子：以下、ミイ）」のグッズが中心に展開されていたのです。

展覧会のグッズ売場を見ても、目立っていたのはミイ関連の商品ばかりでした。その時、「これはいけるかも！」と私の広報としての勘が閃《ひらめ》きました。

本を読み返してミイについて調べると、それまで私の中で意地悪なイメージだったミイの印象が変わりました。彼女は意地悪ではなく、意見や自分の思いを歯に衣着せず言っていただけなのです。まるでお茶の間で人気のマツコ・デラックスさんのような「愛のある毒舌」だと私は感じました。

ミイの人気は、このように、最近、女性が好む傾向と社会現象にリンクしたものだという結論に行き着いたのです。「展覧会開催」と「ミイが主役級」、そして「社会現象」という3つのピースが揃いました。

フジテレビのニュース番組特集班にいらしたディレクター・園田憲市さんに相談をしてみたら、面白いけど「社会現象」のところが少し弱いと言われ、後日「ムーミンが注目されている」という確固たるプラスの情報を教えてくださいました。それは、ムーミンの物語を主題とした施設「ムーミンバレーパーク」が埼玉県飯能市に2019年3月にオープンするという情報でした。

この3つの情報をもって、園田さんは企画として組んでくださり、5分くらいの特集として放送されました。番組は、まず展覧会の作品やたくさんのお客様が鑑賞しているシーン、グッズ売場にミイ関連グッズがズラリと並んだ画《え》が映し出され、「主役が変わった?」とテロップが入ります。続いて街角インタビューで「ムーミンの中で誰が好き?」との質問に女性の「ミイが好き」と答える映像が流れます。最後に「ムーミンバレーパーク」のオフィシャル映像を組み合わせ、最近のムーミンの人気ぶりを伝えるという内容でした。

ひとつ私の仮説と違ったのは、お客様のミイ好きの理由は「なんだか可愛い」が一番多かったことです。園田さんとしては、ミイが本当に人気なのか？　またその理由を街角インタビューで引き出すことがポイントだったようで、私の仮説は大きい問題ではありませんでした。それでも、ムーミンと並ぶほどのミイの人気の高さは、今までとは違う傾向であったことは間違いなく、ニュースとして成立させてくださいました。

5分はかなり長い尺（長さ）です。テレビ番組は、様々な画を組み合わせて1つの現象に編集されます。その要素がたくさんあるほど制作陣に喜ばれます。まずは、最低3つを探すことからスタートしてみてください。

②メディアの知りたい「なぜ今？」を提案する

取材決定までの間に繰り返し園田さんに言われたのは、「なぜ今ムーミンなの？　ミイなの？」ということでした。これは、メディアの方からよく問われる言葉です。情報があふれている中で、なぜ今これを取り上げるのか？　その理由がメディアには必要なのです。

私は「展覧会」の広報担当なので、「MOOMIN！　ムーミン展」を開催している時期だからと言ったのですが、ディレクターとしてはそれだけでは物足りなく、ムーミンバレーパークという日本初の施設がこれからオープンするという大きなムーブメントがあることで、今やる意味があると紐づけられました。**3の法則にプラスして、「なぜ今?」の理由付け**がとても大きいことを改めて実感しました。

このように、広報担当者が社会現象の捉え方や組み立て方のセンスを磨くことで、ニュースにしてもらえるチャンスが生まれるということです。様々な角度から事象を捉え、分析し、箇条書きにしていくことでニュースの視点やストーリーの組み立て方が見えてきます。

広報の目

自社の売り込みだけではなく、社会現象として訴求することがカギ。

4 あらゆるものをポジティブに発信するのが広報

プランタン銀座に在籍中だった時のこと。冷夏で夏物婦人服が売れなかったある年、面識のない経済部の記者さんから、「百貨店全体の婦人服の売れ行きの現状を取材したい」と問い合わせがありました。しかし、「売れ行き伸び悩み」というネガティブなコメントは、お客様の購買意欲を損ねてしまうので、あえて伝えたくないというのが現場の本音でした。

取材をお断りすることもできますが、良い時だけのお付き合いではメディアの方との人間関係は構築できません。しかも、面識のない記者さんからの問い合わせです。今後も懇意にしてもらえたらという期待も含ませながら、取材をお受けすることにしました。

売場と相談し、売上が伸び悩んでいる現状だけでなく、冷夏だからこそスカーフが売れていることや、売場での意外な工夫によって客足が伸びた話も、記者さんにはお伝えしました。

後日、新聞を見たら「夏物の婦人服低迷」という記事に取り上げられていたのは他社で、プランタン銀座は「冷夏でスカーフの品揃えを増やし、売上も増」と紹介されていたのです。その結果、スカーフ売場には、普段あまり来られない主婦の方々が足を運んでくださって、売上が伸びました。

求められる情報だけを渡すのではなく、「気温低下→売上低下」という発想から、「気温低下→意外な売れ筋」と視点を変えたことが結果につながりました。広報はプラス思考の感覚を養うことも大切です。ネガティブな状況でも、広報の対応ひとつでマイナスのトーンがプラスに変わることもあります。

広報担当者が社外に発する言葉はすべて「会社の言葉」であることを自覚して、プラス思考を心掛けていくことが大切です。

広報の目

マイナスの事象もポジティブな視点に切り替えるとプラスになることもある。
広報の言葉は会社の言葉であることを自覚しながら、発信はあくまでも常識的に行う。

5 仕掛けづくりのポイントは日常に転がるヒントをストックすること

街中の看板や車内吊り広告、新聞・テレビ・WEBの情報、人とのコミュニケーションなど、実は日常生活の中にも自分が持っている情報との連動性を見出せることがあります。クライアント企業の広報に携わらせていただくようになって、JA（農業協同組合）グループのお手伝いをするようになりました。JAですので「野菜など」がキーワードになります。

常日頃から「野菜」に関連することにアンテナを張り、様々な情報をメモして専用フォルダに集積しています。たとえば、「野菜の切り方で栄養価が変わる」「野菜をおしゃれに切るキッチングッズがある」「インスタ映えするサラダの見せ方の上手な人がいる」「家庭菜園がブーム」などです。

また、**直接の関連性はなくても、アレンジ可能な情報もメモをしています。**

2018年、名古屋出張の際の話。たまたま見かけた旅行パンフレットの記事に、「市内のとあるカフェにて、目の前で固まるゼリーが話題」とありました。

えっ！　ゼリーが目の前で固まるの？　面白い、これは見てみないと！

私は、翌朝すかさずこのカフェを訪ね、固まるゼリーをオーダーしました。バニラアイスが入っているキンキンに冷えたグラスと、コーヒーが入っているピッチャーが出てきました。

コーヒーをアイスにかけて約3分。するとあら不思議、コーヒーがみるみる固まるではないですか。食べてみると一般的なおいしいコーヒーゼリーでした。

「なんで固まるんですか？　東京にもこのお店はありますか？」と、思わず近くにいたスタッフに尋ねると、彼は「東京にも系列店はありますが、このメニューは出していません。開発するまでに苦労したんですよ。実はぼくが店主で考案者です」と、言うのです。

この固まるゼリーはテレビ的に画になる！　売り込める！　広報としての直感でそう思いました。もちろん、初めて飛び込んだお店の商品なので私はPRできませんが、そう思うくらいインパクトのある商品だったのです。私は店主と名刺交換をし、こう尋ねました。
「固まるゼリーはコーヒーだけでなく、野菜や果物のしぼり汁とかでもできますか?」

ＪＡさんの野菜イベントでコラボできたらいいなと考えたのです。

ゼリーは冷蔵庫で時間をかけて固めるものという常識を覆す「新しい動き」のあるメニューは、絶対にテレビ向きです。お客様にも受け、ＷＥＢでもニュースになるはず。こういうネタを普段からストックしておき、いざという時に連絡をする。これもまたひとつの広報力です。この「固まるゼリー」のコラボは、まだイベントでは実現していませんが、自分の中では大きな情報として今もストックされています。

広報の目

情報のアンテナは365日360度、フル回転させる。
一見関係がなさそうな情報も別の形で役立つことがある。

6 ナンバーワンとオンリーワンは最大の広報戦略

「ＯＬの趣味・志向や消費動向はプランタン銀座に聞けばすべてわかる」。

お客様からもメディアからも、そう思われるようになっていました。石井社長は「プランタン銀座の中で、いくつものナンバーワン・オンリーワンを作りましょう」と全社員に言っていました。

老舗百貨店にはない・できない「ナンバーワン」「オンリーワン」の売上や商品、サービスを作っていく。それによって特定のジャンルで勝ち組になり、他の競合店との差別化を図っていく。この方針の下に、売上高や品揃え、誘客人数など、様々な指標で一番を目指す、独創的な売場づくりが進められました。

たとえば、バレンタインデーでは、品揃えナンバーワンを目指し、他の百貨店がトップブランドのチョコを打ち出している時に、ここでしか買えないオンリーワンを積み重ね、毎年、競合店にはない珍しいチョコレートを国内外から揃えました。

その結果、お客様は「今年はどんな種類が揃っているんだろう」「たくさんあるから好みのチョコが必ず見つかる」と楽しみに来店され、男性へのプレゼントだけではなく、女性ご自身が楽しむためのチョコとしての購入も増え、売上も伸びていきました。

この取り組みを毎年継続するうち、「今年のバレンタインデーはどんな傾向があるか?」などメディアの方から問い合わせが入るようになりました。

その結果、**「目新しい情報を発信する↓取材につながる↓来客数が増える↓売上が上がる↓盛況ぶりを取材してくれる」**という好循環が生まれました。

2月のバレンタインデーだけでなく、夏の水着、11月解禁のボージョレヌーボー、年末の福袋（108ページ参照）など、年間で4、5本の柱をつくり、広報もそれらに力を入れてメディアに打ち出していったのです。

広報の目

「ナンバーワン」「オンリーワン」は、お客様もメディアも興味が湧くワード。
「ここでしか手に入らないものがある」という継続的発信は、イメージづくりになる。

7 広報の成功を左右するのは経営者の覚悟

プランタン銀座のイメージ戦略成功の裏には、リスクを恐れない石井社長の〝覚悟〟がありました。一般的に百貨店は、売上の坪効率の良い1階にはバッグや靴、化粧品など高単価の商品を置いていますが、プランタン銀座では1階をバレンタインフェアのチョコレート売場に変えました。

商品単価が200円〜1000円程度にもかかわらず、チョコレート売場にした理由は「バレンタインはOLにとってひとつのお祭りであり、プランタン銀座だから提案すべき季節の催事」と捉えたからです。地下食品売場だけではスペースが小さいため、お客様の一番目につく場所で販売し、話題とイメージをつくりたいと考えました。

バレンタイン期間、1階の売上だけを考えると行動できないことですが、売上よりもイメージ重視のリスク覚悟の、戦略でした。「イメージを構築するには継続が大切」という社長の戦略はそれから10年以上続きました。

開始から数年後には来店客数が増加し、チョコレートの売上もうなぎのぼり。来店ついでの他商品購入が増えたことによって、店全体の売上も上がりました。目先の売上だけにとらわれず、リスクを承知でイメージを確立し、売上が自ずとついてくるように〝仕向ける〟経営戦略は、お客様への訴求だけではなく、メディアへの売り込みにも大きな意味があるものでした。

だからこそ、私たち広報担当者も、自社のイメージを明確に発信することができたのです。**メディアにたくさん取り上げられた理由は、企業としての戦略があったから**こそだと思っています。

広報の目

お客様が喜ぶ取り組みを継続することで独自のイメージを確立することができる。それによって新たな顧客を呼び、メディアの信頼を得ることができる。

8 お客様アンケートでメディアが好む生きたデータを発信する

プランタン銀座の広報戦略に一役買ったのが「アンケート調査」でした。新聞記事の分析中に、あることに気づきました。

「お父さんの毎月のお小遣い平均額20000円　昨年より5%アップ」「初任給で親へプレゼントを買う人が7割」など、アンケートの結果とともに「××社調べ」と企業名が書かれていました。

プランタン銀座でもアンケートを行ったら新聞に名前が出るかもしれないと思い、「バレンタインデー 女性の意識調査」を行いました。質問項目は左表のとおりです。

買う商品や数だけではなく、ＯＬの動向や思考がわかるような項目も盛り込みました。

アンケート作成や集計は、予算がないので外部委託はできません。ネットのない時代です

表　1989年時の「バレンタインデー 女性の意識調査」質問項目

- 本命・義理チョコにはいくらかけますか？
- 本命・義理チョコはいくつ買いますか？
- ホワイトデーは何を期待しますか？
- チョコレート以外に何をプレゼントしますか？
- どこで渡しますか？
- 当日はどのように過ごしますか？

から、アンケートを印刷し、売場カウンターに置いてもらい、自分で集計し、プレスリリースとして内容をまとめて発信しました。

掲載の結果は、新聞記事で見た「お父さんのお小遣い事情」のようにアンケート結果のデータと企業名だけが掲載されると思っていたら、そうではありませんでした。意外にも、データにまつわる関連商品を写真付きで紹介してくれるメディアが多くあり、中でも新聞に掲載されたことでテレビ番組からも問い合わせが入り、二重三重の波及効果があったのです。

この時取材に来てくださったテレビ局の方に、**「メディアというのは、お客様の消費動向には大変興味があり、さらに数字という裏づけがあると**

信憑性が高まるので取材がしやすいんだ」と教えていただきました。私はこのことに背中を押されて、その後も「水着」や「クリスマス動向」など、OLには欠かせないテーマを中心にアンケート調査を行いました。どのテーマもアンケート結果を出して、メディアに取り上げられないことは一度もなかったと記憶しています。

このアンケート調査の手法は、1989年から私が退職した後も引き継がれ、約30年継続されていることになります。バレンタインアンケートは、松屋銀座に転職した後輩が今でも続けてくれており、広報に活用しているようです。アンケート調査は、どんな内容でも、蓄積されることで変遷を知ることができ、独自のデータとして価値が増していきます。

このアンケート手法は、どの企業でも活用できるものです。自社に関連するアンケートの切り口は探せばたくさんあります。アンケートに対する回答も想像しながら、話題になりそうな要素を盛り込んで、実際に**取材をしてくれるメディアの視点も入れながら、質問項目を考えます。**どの企業でも少ない予算で行うことができますので、ぜひ自社ならではの項目を考えて実施してみてください。

第1章

広報の目

お客様の声は自社の強みや魅力が凝縮された宝。
データは最強のニュースに変わる。

産むか、産まないか？ 仕事と出産の迷い

結婚3年目の1999年、33歳の1月に長男が誕生しました。ギリギリまで働いていた私は、やっと産休生活を楽しめると思った矢先、休暇2日目に胎盤剥離《たいばんはくり》で緊急搬送され、そのまま帝王切開となりました。当時は「妊娠は病気ではない」とよく耳にしましたが、今から振り返れば、もっと気をつけながら仕事をすべきだったと心から思います。

広報の10年選手となり、ノリに乗って働いている時期でした。しかも現場担当は私一人。出産後の自分のポジションも心配でした。後輩が入ってきた後、私が復職したらどうなる？ 私の将来のビジョンは？ などといろいろなことを考えましたが、答えなんかまったく出ませんでした。だから、なるようにしかならない！ と

割り切ったのです。

子どもが欲しいのか？　今のポジションを維持したいのか？　自問自答した時に、私が選んだのは前者でした。絶対に子どもが欲しいとシンプルに思ったからです。しかし、仕事はとめどなく湧き出てくるし、切りがいい時なんてまったくなく、仕事の状況に合わせて出産することは不可能でした。しかも、都合のいいタイミングで子どもができるとも限りません。

友人でトレンドウォッチャー兼作家のくどうみやこさんが出版した『誰も教えてくれなかった 子どものいない人生の歩き方』（主婦の友社、2017年）という本では、子どものいない男性や女性たちの様々な理由・想いが書かれています。

子どもをもてない理由もあれば、もたなかった理由もある中で、仕事に夢中になってタイミングを逸したというケースもありました。私も同じように迷ったので、この気持ちはとてもよくわかります。子どもを産むタイミングを計ることはとても難しいのです。

自分が本当に欲しいと思うなら早めに決断するしかありません。後のことは、そのときどきに考え対処すればいい。私はそう思ったので迷うことはありませんでした。子どもを授かった時が産み時と思い、コウノトリに任せることにしました。そして、運よく授かることができたのです。

第2章

仕掛ける広報のための人脈・仲間づくり

1 広報と現場のリレーションを強める

現場に目が向いている人、情報を吸い上げる力のある人、社内にも社外にもお互いに助け合える仲間がたくさんいる人は、仕事がよりスムーズにできているのではないでしょうか。広報の人脈は、メディア関係者だけで良いわけではなく、広報活動を円滑に進めるためには「社内人脈」も大切です。

社内外ともに人脈というのは、最初からあるわけではなく、また簡単にできるものではありません。たとえ優秀な先輩や上司から名刺の束やリストを引き継いだとしても、それだけでは「人脈」と呼べるようなパワーにはなりません。

力強いパワーにするには、自分の人間力でコツコツと時間をかけ、コミュニケーションを取りながら「人の輪」をつくっていく必要があります。

突然の取材依頼に、**メディアの希望にどれだけ対応できるか。その鍵となるのは、社内全体にすぐに対応してくれる人がいるかどうかもポイント**です。

たとえ広報担当者が「取材ＯＫ」しても、最終的にそれを受けるのは現場です。百貨店の場合は売場が対応することになりますが、売場担当者に「ＮＯ」と言われてしまえば、広報担当者は取材を断らざるを得ません。現場が納得して、快く取材を受けてくれることが最も重要です。

売場にまだ広報の必要性を理解してもらっていない頃、売場スタッフが、カメラクルーに向かって「いつまで撮影しているんですか？　たくさんの人数でいられるとお客様が驚いて売場に近寄れないんですよね」と、早く切り上げてほしいといわんばかりの言い方をしてしまったことがありました。その一言で、現場の雰囲気は一瞬で凍りついてしまいました。

その時私は、「企業における広報の立場」を理解してもらうこと、「広報と現場との距離」を縮める必要性を痛感したのです。まったくできていなかった自分は、普段から広報の大切さを現場に理解してもらう努力をしなければと感じました。それと同時に、**広報に共感してくれる仲間が増えれば、情報が入りやすく、取材もうまく進みます。**私はそれ以来、広報の重要性を周知させて、理解者・仲間を増やしていく活動に力を注ぎました。

広報の目

メディア対応の成否を分けるのは、強固な人の輪。広報に対する周囲の理解を広めること。

2 社内における広報のポジションを確立する

理解者や仲間を増やすべく活動していましたが、うまくいかないことも度々ありました。

各担当者は自分の仕事に忙しく、中には広報からの突然の取材要請を、時間の無駄だと思う人もいました。広報への理解が薄い会社も実は多いと聞いています。

大企業においても、「広報って何やってんの？」「取材を受けたからって自分にどんなメリットがあるの？」と冷めた目で見る人も少なくないと聞きます。

まず**広報は、企業にとって、各部署にとって、どれだけメリットのある部署なのかを訴え、広報全体のポジションを高める努力が欠かせません。**そのためには、広報の仕事内容を理解してもらうことが最も大切です。プランタン銀座時代は、社長の広報に対する理解が深かったため、広報のポジションを積極的に高めてくれたという恵まれた環境がありました。ただ、それに甘んじることなく、自分自身もその期待に応えようと様々な工夫をしました。

広報を理解してもらうための具体策としては、以下のポイントに留意しました。

①各部署のキーパーソンを探す

圧倒的な情報を持ち、惜しみなく教えてくれる各部署のキーパーソンを見つけます。常にコンタクトをとることで理解は深まり、自然に社内情報も集まります。

②広報の戦略会議を開いて、社内で広報センスを共有する

プランタン銀座では、1カ月に1度、広報会議を開いていました。出席者は、社長、企画販促担当者、各売場の責任者などです。この会議の目的は大きく分けて2つありました。1つ目は、広報の活動内容を現場に理解してもらうこと。2つ目は、売場からの情報を吸い上げることです。

この会議において広報担当者は、まず前月の広報活動の結果報告を行います。たとえば2月の広報会議であれば、1月に受けた福袋やバレンタインのテレビ・新聞・ラジオ・雑誌取材の件数や、取り上げられたテーマと記事の内容、メディア名をまとめて報告します。

また、ライバル他社のメディア状況、新聞社が取り上げたテーマやタイミングを前年と比較して、その年のメディアによる注目傾向や市場の分析も行います。翌年はどういうタイミングで何をアプローチすればいいのかがわかるような資料を作って配るのです。

現場からは、事前に渡しておいたその月のテーマに合わせた情報や、翌月以降のお勧め情報も提供してもらいます。

こうやって、毎月の百貨店の商況や、話題になっている情報をまとめて、前年と比較することで、来年の対策を現場とともに練ることができ、広報の求めている内容と現場の売り込みたい内容とを合致させていました。

この会議は少ない人数で活動している広報にとって、大きなメリットがありました。会社も社員も、広報やメディアの方がどのタイミングで何を求めているのかを感じ取ってくれるようになったのです。**社内に広報のセンスを持った人が増えれば増えるほど、的を射た情報が広報担当に入ってきます**し、社内からの協力も得られるようになりました。

広報の目

現場が広報の視点を共有することで、特徴ある商品が揃い始め、それがそのままニュースとして売り込めるようになっていく。

第2章

3 巨大企業の広報リレーションの手段とは
——ＪＡ全中広報の事例

企業の規模が大きくなると、広報と現場の距離が離れていきますが、物理的な距離を超えて意識を統一化しているＪＡ全中（全国農業協同組合中央会）の事例をご紹介します。

私が独立した3年目に、広報支援として携わらせていただいたＪＡ全中では、毎年「広報活動優良ＪＡ選定—ＪＡ広報大賞（以下、ＪＡ広報大賞）」を開催しています。

ＪＡ全中は、ＪＡグループの代表として、各都道府県中央会（47カ所）のメンバーとともに、全国の農業従事者やＪＡ各店舗（５６２カ所）をバックアップするための企画や広報を行うほか、全中トップの指針を各都道府県中央会の広報担当と共有し、同じ方向性で広報ができるよう支援しています（＊事業所数は２０２１年4月現在）。

その手段の１つが、「ＪＡ広報大賞」で、優れた広報活動を行ったＪＡ店舗を表彰する取り組みです。審査項目は、「広報活動にトップの意向が反映されているか」「地域に密着した活動内容になっているか」「各媒体（メディア）へのPR訴求はできているか」「独自の工夫、戦略がなされているか」など細かく分かれています。

2020年度は、100を超える応募があり、JA全中職員のほか、複数の有識者の審査によって、大賞、（準）副大賞など全6賞が選ばれました。広報大賞は、各JAの広報活動における問題点や支援課題を見つけることにも役立っています。そして何より、各JA店舗のやる気にもつながっていると感じています。

表彰された活動は新聞や広報誌などで発表されるため、全国のJA店舗はケーススタディとして共有し、企画、広報の仕方を参考にできるという効果もあります。

この「JA広報大賞」への応募は自由参加だからこそ、エントリー内容には独自性や説得力があり、**広報大賞から派生する全JA店舗への訴求力は高く、またJA全中広報にとっても現場の状況を知る術**となり、情報共有の観点でも優れた手法だと感じています。

私は、この「JA広報大賞」の「地域密着型広報活動の部」の審査担当として、地域に密着しているイベントやコミュニティ誌の制作が行われているか、また有効なメディアP

Rができているかなどを審査させていただいています。

広報の目

大きな組織では、トップの指針の伝承、個々の活動とその結果を共有することで1つの輪となり、その評価を見える化する仕組みが功を奏す。

4 地方自治体の「ワンチームにする自信づくり」
――熊本県阿蘇市の事例

市役所から地域に広げた自治体の模範的な広報活動がありました。地元の方々の広報意識を高め、地域のブランドづくりを目標に掲げ、その実行の過程を通して地域全体に自信がつき「ワンチーム」をつくりあげていった事例です。

私が会社を立ち上げて1年目の2014年、熊本県阿蘇市の広報活動をやらせていただく機会がありました。阿蘇市は、県庁所在地の熊本市から50キロ離れ、雄大な阿蘇山一帯に広がる自然環境に恵まれた市です。人口は約2万5000人。人口密度は1平方キロメートルあたりわずか67・8人です。

2005年に市長に初当選した佐藤義興《よしおき》さんは、この市をブランディングして、様々な産物や文化を全国的に発信していきたいと考えていました。その際、阿蘇全体を「ワンチームにする＝身内の仲間づくりをする」ことで、発信力の強化を図る企画を立てました。

まず市長は、「然《ぜん》」というブランドを立ち上げ、阿蘇を代表する物産、文化、スポーツなどを手がけている人を「然」のメンバーとして、阿蘇のオリジナルチームをつくることにしました。

神社の神主さん、ホテル支配人、レストランのシェフ、農家さん、酪農家さん、職人さんなど、こうした方々のこれまでの活動をリスペクトして「然」のメンバーになってもらい、彼らを主役にしたポスターをつくり、自信をもってもらい、みんなで阿蘇の魅力をアピールする計画です。

「然」のメンバー100人が集まったところで、阿蘇を盛り上げる会合を開催し、市長が100人に対して1人ひとりに「阿蘇を盛り上げるために頑張りましょう！」とメッセージを伝えながら「然メンバー証書」を授与。そして、会場ではメンバーがそれぞれ生産する産物や自慢の一品を持ち寄り、食事をしながら、互いにプレゼンテーションし合いました。

地域のブランドづくりは1人ひとりバラバラでは限界があっても、みんなの力で活動すれば何かが動く。そんな思いで、市民同士の「横のつながり」ができるきっかけの場としたのです。「初めまして」から始まる会話が複数あり、1つでも2つでも情報交換ができ、企業同士のコラボレーションやメリットのある内容が得られれば、この会合は成功。まずは**自分たちが阿蘇でやっていることを理解しあうことからスタート**します。

会場では、阿蘇で人気のアイスクリーム屋さんとキャベツ栽培の農家さんが出会い、意気投合し「お宅のキャベツはこんなに甘いのか、だったらうちでキャベツのアイスクリームをつくろう」などと盛り上がり、実際に商談が成立し商品開発したケースもありました。

これを1つのステップとして、その後、複数の企業が参加する物産展「然フェア」やメニューフェアを開催し、阿蘇市外にも拡販していくというように、阿蘇をワンチームとする横の広がりができたのです。2013年には、阿蘇市内に様々な「然」商品を扱っている「Shop&café Zen」がオープンしました。

私はこのプロジェクトの中で、商品、生産者や役所の方などを主役に、阿蘇ならではの魅力をメディアにのせるため、広報活動をお手伝いしました。

◆「然」のメンバー選出を支えた人たち

「然」メンバーの選出は、地元をよく理解している阿蘇市役所観光町づくり課の佐藤祐幸さん（当時）が担当しました。また取材や撮影などを行ったのは、東京在住にもかかわらず阿蘇市民の本音を引き出すために阿蘇に年間200日も住み込んだという、企画制作会社クリップの曽谷哲朗さんです。佐藤市長は市の内外からスタッフを集め「然」ブランドの成功のための強力なチームを組んだのです。

観光町づくり課の佐藤さんは、スタート時、毎日市内を回って市民の方1人ひとりにこのプロジェクトの主旨を説明し「然」メンバーへの勧誘や協力の依頼を行いました。断られることもしばしばあったようですが、広大な市内をくまなく足で回って熱心に市民を口説きました。

協力を約束してくれた市民の方々のところには曽谷さんとスタッフが取材に足を運び、ポスター用の写真を撮影しながら「どんなことをされているのか?」「どんな商品をつくっているのか?」と、その魅力を掘り起こす活動を数年続けました。行政マンも担当者も市民の気持ちになり、その懐に入らないとできない仕事だったと思います。

当初、阿蘇の人たちが口にしたのは、次のような「自信のなさそうな言葉」だったそうです。

「私たちなんて阿蘇だけで商売やっていれば十分。東京は日本中からすごい人や物が集まってくるんだから、私たちの商品が相手にされるはずがないでしょう」

「自分がポスターになるなんて一生で初めてだわ」

そんな言葉をよそに、曽谷さんは、「こんないいものは東京では手に入りませんよ」と、素直な気持ちを口にしながら、シャッターを切っていきました。

母娘の「作る楽しさ」がテーブルにあふれる。
お食事処 菜の花
火の国阿蘇の
恵みのブランド
然
zen
Aso City
夫を支え、ずっと家業の製材業にいそしんできた。
還暦を迎えた年、田中英美子さんは決断する。
「二十年も前からやりたかった夢を、
主人が全面的に後押ししてくれました」
自分で作った野菜によるオリジナル漬物の販売、という夢。
どうにか商品化の道筋がついたのは三年たってから。
五年目、娘の美恵子さんに相談した。
ねえ、食べ物屋さん、やってみる気ない？
娘は、いいわ、と即答。母の熱意のほどを知っていたから。
どんな食事処とするかは、
そのときすでに母娘のあいだで決まっていました。
阿蘇の大地を召し上がっていただく。それに尽きる。
さらにもうひとつ。幼くして母を亡くしている英美子さんは
「家庭の味」への想いが人一倍強い。それをテーブルに満たしたい。
どんな味か……、常連客はこう評します。
思いやりが深く、じつにふつうで、とにかく楽しい味。
お食事処菜の花 なの花工房
田中英美子・美恵子
あるがまま、という貴さ。
人と自然が共作する阿蘇。

「然」メンバーを紹介したポスター

このポスター制作の目的のひとつには、**外に向かって阿蘇の魅力をPRするだけではなく、阿蘇の人たち1人ひとりに「自信」を持ってもらいたい**という想いもあったそうです。地方にいると、自分が主役になることはほとんどありません。地元にとどまっていると、魅力のある商品でも他と比較することがないため、表現が謙虚になりすぎてしまいます。

でも本当は、阿蘇の人たちは「いいものをつくるためのこだわり」を強く持っています。彼らを主役にしたポスターをつくることは、そのこだわりを「自信に変える活動」でもあったのです。

私の役目であるPRも、東京からわざわざ取材に来たということが「自分たちのこだわりが認められた」という認識となり、「『取材される＝魅力がある人』という自信に変わるんだ」と曽谷さんに言われました。

その自信とは、「自分たちが生み出しているものは実はすごいんだ」「阿蘇には魅力的なものがたくさん揃っているんだ」という意識を改めて持ってもらうこと。「然」ブランドとして、市民の皆さんが外に向けて発信していくための重要なポイントであると教わりました。

地域発／企業発

阿蘇 人こそブランド

経営者ら100人 観光PR役

熊本県の阿蘇は、火山や絶景が売り物だ。でも、それだけでは九州観光の通過点になってしまう。そんな危機感から、趣をかえたPRがはじまっている。売り物は、豊かな自然のなかで燦然《さんぜん》と輝く「人」。「会いにいらしてください」と呼びかける、とっても人間くさい作戦だ。

写真集・ポスターに起用

今月、東京・赤坂の東京ミッドタウンで、写真展が開かれた。写っているのは、阿蘇の経営者らおよそ100人の笑顔。その人たちの半生のドラマをたどる文章とともに展示した。

たとえば、「阿蘇天然アイス」の石橋久美子さん(58)。娘が幼いころ、アレルギーでのどがはれて、何も食べられなかった。でもアイスクリームは口にした。そんな経験を思い出して10年前、会社をつくった。イチゴ、米といった阿蘇の恵みをそのまま使ったアイスをつくる。

創業およそ60年の肉屋「阿蘇とり宮」の2代目、杉本真也さん(50)は10年あまり前、熊本名物の馬肉をコロッケの具にした「馬ロッケ」を売りはじめた。商店街ににぎわいを取り戻すためだった。1日2千個売れることもある。1個180円。

「民芸工房鉄石」の井日出夫さん(72)は、溶岩を切り出して直径20㌢ほどのプレートをつくっている。肉がじっくり焼けると評判で、全国から注文がくる。40代のとき、鉄工所を倒産させてしまったが、その苦境を不屈の心で乗り越えてきた。

阿蘇の自然のなかで、当然のように、燦然と輝いている。だから、阿蘇市は、その人そのものを「然」というブランドに認定した。手始めが、東京での写真展だ。さらに「阿蘇百然」という写真集を、とりあえず4千部刷った。都内の書店や土産物屋などに置く予定にしている。

馬ロッケの人 杉本真也さん

アイスの人 石橋久美子さん

溶岩プレートの人 井日出夫さん

ホテルの人 稲吉淳一さん

「会いにきて」宿泊増狙う

阿蘇市観光まちづくり課のまとめでは、市を訪れる観光客は、ここ数年、約500万から約570万人で推移している。

ところが、宿泊客にかぎると、2007年の約87万人をピークに減りはじめ、12年には75万人を割り込んだ。観光客の多くが、阿蘇の火口や絶景を見て、その日のうちに次の土地へ移っている。

九州新幹線の全線開通などで、阿蘇は訪れやすい場所になった。けれど、九州の真ん中という立地が裏目にでて、九州観光の通過点化が進んでいる。

東京で30年ほど大臣秘書官などをつとめ、故郷に戻って3期目の佐藤義興市長(64)。阿蘇の観光ポスターが、景色ばかりで代わり映えがしないことが残念でならなかった。

昨年春、ひらめいた。

「都会では、輝くネオンに人があつまる。阿蘇で、輝いている人間にスポットライトを浴びせたら、人があつまるのでは」

そして秋。阿蘇の自然とともに生きる経営者ら100人を然に認定し、一人一人の笑顔で観光ポスターをつくった。

選ばれた人の多くは、「わたしなんかがポスターになっていいのですか?」と驚いた。それが喜び、自信へと変わり、よりよい仕事をしよう、という意欲、そしてプライドになっている。

「行政が輝く個人に肩入れして、より磨きをかけて巣立ってもらう。そして、行政は、あらたな人を然に認定していきます。阿蘇観光を、動かない景観ではなく、動いている市民で売り込みたい」と佐藤市長。

市内の内牧温泉にあって、100の客室をかかえる阿蘇プラザホテル。ロビーには、然の50人のポスターが飾られている。4月からは「然の膳」と銘打った夕食も出しはじめた。然に認定された人たちが手がける食材でつくった料理だ。

2代目社長の稲吉淳一さん(45)はいう。「晴れの日は観光、雨の日にも、然の人たちに会いに行けます。ゆっくり泊まっていってください」

（編集委員・中島隆）

阿蘇市を訪れた観光客の推移
阿蘇市観光まちづくり課まとめ

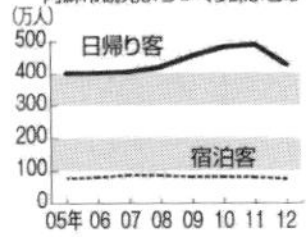

（2014年4月19日　朝日新聞　朝刊）

第2章

◆市長が旗振り役、市民が自薦で参加する「然」プロジェクトの魅力

このプロジェクトには、広報の視点から見て2つの斬新な点がありました。

1つ目は、自治体の首長が地域ブランドづくりに邁進し、行政の担当者が直接市民に交渉したこと。他の自治体のブランドづくりのケースでは、新プロジェクトのために新しい商品をつくることも多いのですが、阿蘇市の場合は「あるがまま」。今あるものを「然」というブランドに載せて訴求していったので、市民の負担もゼロからのスタートよりはるかに軽減することができました。

2つ目は、このプロジェクトを進めるにあたり、まずは100人のコミュニティをつくり、その成功をもとに一気に広めていく作戦に徹したことです。メンバーは自薦、他薦問わず、誰もが「然」のメンバーになることができます。

募集活動を開始してからは、「このプロジェクトはどういうことをしているのか?」「どうやったら入れるのか?」という市民からの声があがり、実に3分の2が自薦でメンバーになるという、やる気のある方々が集うコミュニティになりました。

このような広報活動の結果、新聞に掲載されたほか（75ページ参照）、テレビ東京系列の

経済ドキュメンタリー番組「ガイアの夜明け」で取り上げていただくことになりました。メディアから見ても、市長が旗振り役で阿蘇がワンチームになるまでの自治体の苦労や新しい試みに、魅力を感じてくださったようです。

◆熊本地震の発生

２０１６年に発生した熊本地震の影響から、この「然」プロジェクトは残念ながら道半ばでストップしています。熊本地震では、南阿蘇村の甚大な被害がクローズアップされましたが、阿蘇市もまた深刻な状況でした。幹線道路は寸断され、熊本市方面への唯一の電車もトンネル崩壊などで運転休止。２０２１年5月時点で、地震から5年以上経ってもまだ復旧されていない区間があります。

地震から10日経つか経たないかのある日。前述の曽谷さんから私に連絡がありました。『然』のメンバーでトレーラー宿泊施設を経営している宇野謙二さんが〝たい焼き〟を地元の食材でつくりたいとのこと。たい焼きを住民に食べてもらい、地元を元気にしたい。だから機材を購入するために上京する」という内容でした。

宇野さんご本人も、トレーラーがひっくり返り、施設が大破し経営も続行できない状況なのに、なぜ〝たい焼き〟を住民に配るのでしょうか。私は気になって宇野さんにお聞きしました。

するとと宇野さんは、「被災者だからこそ、小さいことでも頑張っている姿を自らが示すことで住民を勇気づけ、みんなで復興に向けて頑張りたいんだよ」とおっしゃいました。その言葉に胸を打たれ、東京で応援することを考えた時、宇野さんの思いをメディアに紹介したいと思いました。

当時、私のできることはメディアの方とつなぐことだけでした。何かの役に立ちたいと、すぐにTBSのニュース番組と、産経新聞の記者さんに、宇野さんを紹介しました。その時の情報はテレビで放送され、新聞にも掲載されました（79ページ参照）。

放送や記事を見た方からは「阿蘇の現状を身近に感じ、知ることができた」という声、宇野さんからは「たい焼きを始めた想いが伝えられて良かった」「県外からたい焼きの問い合わせが入った」という嬉しいお言葉をいただきました。これほど広報冥利につきることはありませんでした。そのたい焼きの名前は、「がんばりたい（鯛）」。

現在は、トレーラーハウスも復旧し、たい焼きは、「山から鯛が釣れる」というネーミングに変えて、阿蘇市でがんばっていらっしゃいます。

第2章

阿蘇の避難所 地元宿泊業者ら「元気」配布

熊本地震で被災した熊本県阿蘇市で3日、避難所にたい焼きが届けられた。同市の宿泊業、宇野謙二さん(65)＝写真＝が作り、地元観光振興団体のメンバーらも協力。避難者への激励とともに、復興に向けて「がんばりたい（鯛）」の思いを込めた。

阿蘇市生まれの宇野さんは料理人として各地で活躍後、約10年前から市内でトレーラーを使った宿泊施設を経営。震災で施設は大破し、再開の見通しは立っていない。周囲の状況も一変した。

長男の忍さん(42)は「阿蘇の外輪山ののり面が崩れ、今まで見慣れていた景色はなくなった」。市民の精神的支柱だった阿蘇神社は楼門などが倒壊し、家屋被害も多数出た。「夜がくるとあの揺れを思い出してゾッとする」と妻の多賀子さん(65)。支えになったのは人の絆だ。

宇野さんも参加する市の観光振興ブランド「然《ぜん》」の仲間たちと震災後、やり取りする中で「つながっていると感じた。家族の絆も強くなった。それがないと生きていけない」と感じた。

たい焼き作りはもともと、震災前に地域活性化のため「然」の関係者が発案。宇野さんを中心に計画していたものだが、「手にした瞬間、温かさが伝わり、その甘さにほっとする。今こそ、たい焼きを避難している人たちに届け、元気を出してほしい」と準備を早めた。

宇野さん一家は4月末に上京し、都内でたい焼き機などの機材を購入。市や「然」メンバーも連絡や配達に協力。3日に避難所となっている市内の小学校2カ所に計230個届けたのを皮切りに、連休中は続けたいという。その後、通信販売なども行い、売り上げの一部を義援金にする予定だ。

「小さいことでも誰かが何かを始めれば、周りも潤っていく。復興のため、阿蘇にはそういうことが必要じゃないか」。宇野さんはそう考えている。

復興 がんばりたい

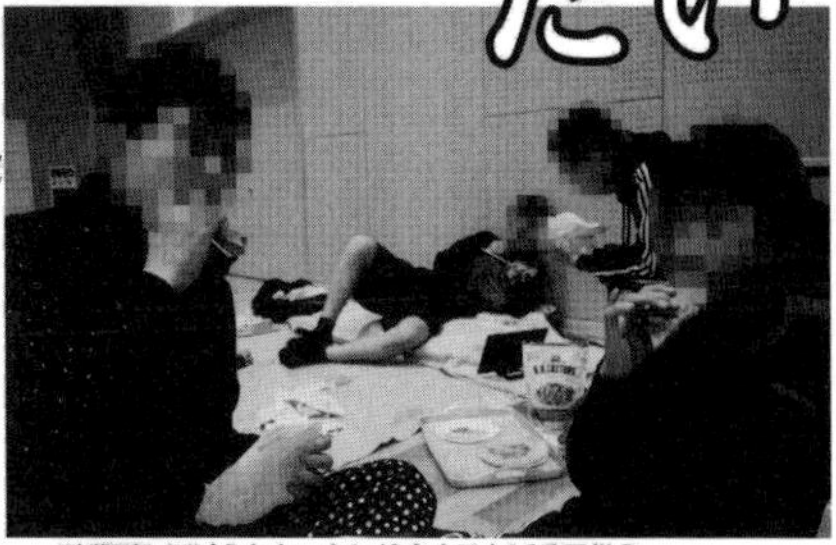

避難所に届けられた、たい焼きをほおばる子供ら
＝3日、熊本県阿蘇市の市立一の宮小学校（宮野佳幸撮影）

被災自治体のボランティア募集対象地域

地域限定なし	熊本市、西原村
九州に限定	宇城市
熊本県内に限定	阿蘇市、益城町、宇土市、南阿蘇村、御船町、菊陽町、嘉島町、甲佐町
市町内に限定	☆合志市（4、5日休止）、☆菊池市、大津町、山都町

※熊本県まとめ、3日午前8時10分現在。☆は要登録

熊本地震で被災した各地のボランティアの募集情報は熊本県社会福祉協議会のホームページ（HP）から確認できる。HPの「緊急情報」をクリックすると関連情報が表示される。問い合わせは熊本県災害ボランティアセンター☎096・342・8266。

（2016年5月4日　産経新聞　朝刊）

阿蘇市の取り組み「然」は、素敵なプロジェクトです。これからもできる限り応援していきたいと思っています。

広報の目

1つの目的に向かって、行政、市民が一体となり、自信をもって活動することがワンチームへの近道で、メディア訴求にもつながる。

5 トップが広報を理解する企業は強い

◆広報の立場と重要性を理解してくれたプランタン銀座・石井社長との信頼関係

私がプランタン銀座の広報担当についた頃、石井社長は様々な場面で「広報には協力するように」と全社員に言い続けてくださいました。「無料で取材をしてくださるメディアの方を大切にしてほしい」「メディアとの窓口は広報だから、広報は会社にとって重要なポジションだ」と言って、広報を戦略的に考えてくださったのです。

社長の広報への理解があったことで、私やパブリシティ担当者は、どんなに広報の仕事がやりやすかったか。感謝してもしきれません。

社長ご自身は取材を受けることはあまり好きではなく、自分が出るよりも、第一線で働いているスタッフを紙面や番組に出してほしいという思いをお持ちでした。

とはいえ、「どうしてもという時は、ちゃんと取材を受けるわよ。社長じゃなきゃダメなものもあるものね」ともおっしゃっていました。石井社長は広報活動の要諦をほとんど理解してくださっており、「社長のメディア対応」で困ったことは一度もありませんでした。

唯一、念を押されたのは、「顔のアップはダメよ!」という要望でした。きれいな方であるにもかかわらず、です。紙面でアップ写真が必要な時は、事前に撮った宣材（宣伝材料用）写真を使用しました。テレビの場合は事前にディレクターさんに「アップだけはご勘弁を、私の首が飛びます」などと話し、何とか社長の希望範囲内ですべての取材をこなせるように努力しました。

社長と広報が互いの要望や立場を共有できていたからこそ、ある程度、広報の判断でジャッジができ、スピード感のあるメディア対応が可能になっていました。

「社長が取材を受けるのが不得意」というケースが、実はよくあります。もしメディア対応が得意ではないトップであったら、普段から、広報担当者の親しい記者さんを呼んで食事をしながらでも交流をもったり、小さい懇親会などを開催したりして、対応に慣れてもらう機会を設定するといいと思います。

メディアの方と話す機会をつくることによって、社長の、広報への意識が変わっていくケースもあります。日頃からの小さな積み重ねが大切だと感じています。

◆不登校児への支援をする松実高等学園をテレビに売り込む

経営のトップや広報担当者の前向きな対応があれば、企業とメディア間での落としどころが見つかります。

2014年秋、埼玉県春日部市にある松実《まつみ》高等学園という、不登校の生徒を受け入れる学校から、テレビで取り上げてもらえないか、という相談を受けました。不登校の子どもたちが増加している中、自分たちのような学園があることを世間に知ってもらい、悩んでいる保護者や子どもたちに一人でも多く手を差し伸べたい。そのためには様々な方が視聴しているテレビで、学園の様子をレポートしてほしいという希望でした。

この学園の特長は、フリースクールではなく、学校教育法による技能連携校として埼玉県から指定を受けており、株式会社が運営していることでした。学校法人のほうが税金関係も優遇され、学校として守られることも多いそうですが、その分、教育方法に規制が掛かります。株式会社であることで、生徒に合わせた自由なルールをつくることができ、より個人や個性に寄り添った学園生活を送ることができるとのことでした。

また、1年を通していつでも入学可能なため、授業のレベルは生徒によって異なります。午前中はカリキュラムに合わせた学年ごとの授業を行い、午後は各自が好きな授業を選択できるシステムです。実際に教室を見学に行くと、中等部2年生の男子生徒が、高等部2年の数学の授業を一緒に受けていました。

教室内ではアイドルグループ・嵐のポスターを机上に置いて授業を受けている子や、ピアスや化粧をして廊下を歩いている子、1人で自習室にきて勉強している子など、思い思いのスタイルで学園生活を送る子どもたちの姿が目に飛び込んできます。

そのベースとなっているのは「プライベートも勉強も、規則で子どもたちを締め付ける必要性はない」という、理事長兼社長の松井石根《いわね》さんのポリシーです。松井さん自身、教育界では異端児で、元は生命保険会社の役員でした。お子さんが通う地元の学校のPTA会長や日本PTA全国協議会会長を経験され、埼玉県の教育についても提案をされるほど教育に興味がある方だったのです。

不登校が社会問題となっていた時、埼玉県教育委員会とともに「さわやか相談員」を設置。不登校児童・生徒を受け入れる場所がないことに重い課題を感じ、サラリーマンを辞め「松実高等学園」を設立したのです。

全財産を投資して土地を購入、初等部をつくり、3階建てアパートを1棟丸ごと改築して中等部の校舎として開校。また、閉店したパチンコ店を改装して高等部も立ち上げました。高等部の校舎には、パチンコ店のなごりも残っています。不登校児が増えているという状況下で、前述のような松実高等学園ならではのアピール材料も揃っていたので、テレビ局に売り込むことは可能だと感じました。

まず、私がこの目で見た、心で感じた感動を電話で各制作会社・テレビ局のディレクターさんに伝えることから始めました。その中で興味を持ってくださったディレクターさんを現地にお連れし、松井さんの想いと不登校児の現状、そして子どもたちに触れ合っていただくことで松実高等学園への理解を深めていただきました。

その後、ディレクターさんは、広報担当でもある統括校長の原口慎二さんに、生徒へのインタビューや取材が顔出しで可能かを確認しました。その時原口さんは、自信ありげに「確認はしますが、大丈夫です」と即答されました。子どもも親も不登校で悩み、いろいろなことがあってこの学園に来ているのだから、顔出しでの取材はハードルが高いと思っていたのですが、ほとんど即答だったのには驚きました。

この時原口さんは、普段から生徒・ご家族とも親密なコミュニケーションをとっている先生たちばかりなので、協力してくれる生徒やご家族が2、3名は上がってくるはずと即座に思ったとのことでした。逆にディレクターさんは、ある程度、**メディア側の希望を叶えてくれる広報の体制に安心感を得ることができ、企画提案を決めた**とのことでした。

結果、社会問題にもなっていて情報を求めている人が相当数いる、長い休み明けに不登校見が増えるという現状を踏まえて、冬休み直後の放送を目指して取材をしてくださることになりました。

ディレクターさんは、「企画実現のポイントは、1人でもいいので生徒さんの顔出しインタビューがとれるかどうかだった」とのことでした。「非常にユニークな学校ですが、登場する生徒や保護者の顔がモザイクだらけだと、企画にできないわけではないが、テレビ的にはつらい。やはり、きちんと顔を出して話してくれることで、視聴者はその言葉に共感するんです」とおっしゃっていました。

非常に納得できるアドバイスでした。中には、メディア側の希望に、自分たちの都合ですべて「NO」とする企業もあるようです。もちろん、本当に難しい場合もあるとは思いますが、トップや広報担当が、いかに前向きに対応してくれるかどうかが、企画を立てるメディア側から見ると大きなポイントとのことでした。

広報の目

トップの信頼と協力を勝ち取ることが、広報業務を大きく発展させる。
メディアに寄り添う情報提供ができるかどうかも、トップの理解と協力がカギ。

交換した名刺から付加価値を生み出す

百貨店の場合、メディアから見れば、求めるテーマに対してこの店でないと取材できないということは、それほど多いとは思えません。季節の話題や売れ筋商品などについては、どの百貨店でも同じようなテーマで取材はできるはずです。

それでも当時「プランタン銀座に取材に行こう！」と思ってもらえたのは、親しみやすさやレスポンスの速さ、情報の引き出しをある程度持ち合わせていたからだと自負しています。

広報の新人時代、まだ人脈があまりない時に知り合ったメディアの方たちの名刺は、私の「宝物」でした。もちろん今もです。

まずはいただいた名刺を整理して、埋もれないように保存します。もちろん今ならば、様々な名刺保存アプリがあり、名刺をスマートフォンで撮影して丸ごとデータとして管理できます。検索機能も充実していますから、昔のように名刺の現物の管理にあれこれ苦労しなくてもいいのかもしれません。中には、相手先が異動、転勤、出世したりして名刺の内容に変更があると、それを検知して知らせてくれるものもあります。その知らせをきっかけに、「お元気ですか？　おめでとうございます」などとコミュニケーションをとることもできますから、ずいぶん便利な世の中になりました。

もちろん、アプリを使おうがファイルを使おうが、企業名とお名前はある程度覚えていないと名刺を探すこともできないので、常に名刺のチェックは必要です。名刺という情報源からどんな付加価値を生み出すか、アプリの時代になっても本人の意思と努力が必要です。名刺管理においては、次の点を意識しましょう。

①名刺にメモをする

名刺の情報以外に取材日時、内容、外見などの特徴、取材内容のデータを添えます。さらには、この方が普段必要としている情報（取材しているテーマ）も伺って記入します。

少し時間が経つと、先方も「自分のことは忘れられているだろう」というスタンスで電話をかけてくることがあります。その時、即座にこちらが「いついつの〇〇の取材でお会いした××さんですね。ご無沙汰しています」と応対すると「覚えていてくれた！」ということだけでも会話が弾み、親しくなれます。

②即座にお礼をする

記事が掲載・放送されたら即座にお礼をします。2度目のコミュニケーションの機会をこちらからつくります。

③情報提供をする

さらに時期をみて、現場の反響とともに、先方が喜びそうなプチ情報を提供する努力をします。せっかく知り合ったメディアの方に、会社名と名前を忘れられないように心がけます。

「お礼をする」「記事や現場の反響を伝える」というのはかなり重要なことです。つい「お礼をしたつもりだった」「忙しくてそのままだった」などと、忘れてしまったり言い訳をしてしまったりすることがあるかもしれません。でも、決して疎かにしてはいけません。「取り上げられたらそれで終わり」ではなく、自分の感想や現場担当者の感想を伝えることで、メディアの方に喜んでいただき、親密度も増していきます。

約30年間、親しくさせていただいているある新聞記者さんが、「取材後の確認などで熱心にメールをやりとりしていても、記事を掲載したとたんに連絡が途絶え、何か悪いことを書いたかな？と気にしていたら、10カ月後の年賀状に、『ありがとうございました』と書かれていて、問題はなかったのだとそこでわかった。できたら、すぐにその言葉を聞きたかった。自分の『得点』だけを気にして仕事をしている人は、そういう時にバレる。仕事人としてちょっとした心遣いで好感度は一気に上がるのですけどね」とおっしゃっていました。

実は、100％そうできていないことを自覚している私にも、耳が痛いお言葉でした。

広報の目

名刺は宝物。定期的にチェックを行い、コミュニケーションツールとしてフル活用する。

取材のお礼、掲載記事の感想・反響をメディアの方にすぐに伝えると喜ばれる。

2 広報の対応はスピードが命

昔、メディアの方からこう言われたことがありました。

「いや〜、三井さんに取材を頼むと対応が早くて助かります。他の企業では頼むと返事に3日かかることもあるんですよ。そんなんじゃもう放送は終わってますよ」

記者さんやディレクターさんは、いつも「締め切り」に追われています。その日その時までに情報がなければ、意味がありません。新聞やテレビの場合、今日か明日で取材したいというお急ぎの場合も多く、「クイックレスポンス」は必須でした。

依頼に対して「できるのかできないのか」だけでなく、こちらが忙しい場合やすぐに返答することが難しいテーマの場合でも、「返答にどれくらい時間がかかるのか」をはっきりお伝えすることが大切です。なぜならメディアの方は、その返答次第では次の取材先を探さなければいけないからです。

締め切りまでの少ない時間内でやりくりされているメディアの方を思えば、**結果的に取材には協力できなかったとしても、早く返事をすることがポイント**です。それが「誠心誠意」であり、「あそこの広報はレスポンスが早い」というだけで、次のコミュニケーションにつながる可能性が生まれます。

広報の目

取材先探しに奔走するメディアの方にとってスピードは命。「クイックレスポンス」は広報の武器になる。メディアにとって真っ先に思い浮かぶ取材先・相談先になるべし。

3 頼まれ上手な広報には情報も人も集まる

「話題が豊富な人」「話していて楽しい人」。人からこのように思ってもらえたら嬉しくなりますよね。私もいつもそう思いながら仕事をしています。「旬な話題」で相手の知的好奇心を満たすことができたら、会話も広がりますし、人から尋ねられることも増えます。

「三井さんのお仕事には全然関係ないかもしれませんが、もしご存知でしたら教えてもらえませんか？」「こんな人を探しているんだけど、知り合いはいませんか？」「こんな傾向聞いたことありませんか？」。

仕事でもプライベートでも、このような問い合わせが入ると嬉しくてたまりません。私はどうにか応えたくなり、周囲の人に聞いてでも返答するようにしています。そういうケースは１００％の答えを求められているのではなく、何かヒントがもらえればと、ちょっとした期待を込めての連絡なのだと気づきました。

相手は私の返答内容のみではなく、その姿勢に共感してくださっていたようです。相手が望んでいる返答ができなかったとしても、「わざわざ（ご対応）ありがとう」と返事をいただくことがあります。この一言はとても大きな意味を持つ言葉だと私は受け止めています。

第2章

情報提供を依頼されるのはメディアの方々からばかりではありません。一般企業の友人や知人からも頼まれます。そういう時も、持っているものをすべて出し尽くすよう頑張ります。情報を提供することで、自分の周囲に新たなビジネスや人間関係が成立することがあります。

その方たちに「三井さんに聞いてよかった。助かった!」と思っていただけたことが、また1つ深くつながれた気持ちにさせてくれます。人として「頼まれ上手」になると輪が広がるものなのだとずいぶん経ってから気づきました。今では、似たようなメンバーが周りに自然と集まり、お互いに助け合いながら仕事が順調に進んでいます。

広報の目

人を喜ばせたい、役に立ちたいという気持ちが広報の精神。

4 情報の質と量を高める社外人脈をつくる

人からの問い合わせに応対できるのは、ちょっとした情報源を持っていればこそ。私では太刀打ちできないけど、あの人に聞いてみようかな？　と思える仲間が身近にいるかいないかも大きいと思います。

そういう意味では、「情報の質と量」につながる社外の人脈は重要です。私にとっては、メディアの方からの質問を知人に問うことによって、普段連絡をとっていない人とコミュニケーションがとれるという勝手な喜びと、もしかしたら知人にもそれがプラスの情報になるかもしれないという「余計なお世話」の想いも含まれていたりします。

情報があるところには、メディアの方からの問い合わせも入ります。快く情報を教えてくれそうな人のところに、問い合わせがくるように思います。そのためには、持っている情報の「質・量」が勝負です。情報の確保は、自分の仕事の範囲内で良いと思われがちですが、第1章5（45ページ参照）でもお伝えしたように、広く浅くでも良いので、豊富な情報を持ち合わせることをおすすめします。

私がこれまで実践してきた情報収集の方法を2つお伝えします。

①WEB、新聞、テレビなど、様々なメディアから収集する

あえて探しにいくのではなく、森羅万象を自分ごととして捉えながらメディアを見ていると、少しだけ見方が変わります。たとえば、知り合った方の職種の記事があったら、その方と重ね合わせて読んでみたり、そこに自分との共通点があるのかなども考えながら見たりします。その程度でも、身の入り方が違ってくるはずです。

②日常会話から情報を収集する

最近は飲みに行く若者が少なくなったと聞きますが、私は「飲みニケーション」のパワーは健在だと思います。ネットからの情報は豊富で、早く簡単に取得が可能ですが、その裏にある人の思いの深さなどは感じることができません。

現在は新型コロナウイルスの影響によって、リアルな場での飲みニケーションはできない時代となりましたが、それ以前、私はもっぱら、知人とのランチや飲み会で情報交換をしていました。それらを「情報の引き出し」として頭の中にキープしておくことで、メディアの方との会話の中で役に立つこともたくさんありました。今はそのような場での情報収集は難しくなりましたが、オンライン飲み会や研修会などによってコミュニケーションを深め、情報を収集しています。しかし、リアルな場でのコミュニケーションに敵《かな》うものはないと感じています。

広報の目

日常会話からの情報は、ネットで検索するより奥が深い。

5 異業種交流会から人脈もビジネスも広がる

新人の頃、中日新聞東京本社生活部記者（当時）の鈴木勲さんから、企業の若手広報担当者と新聞記者との交流会に参加しないかと誘われました。「A組」という会でした。当時流行していた異業種交流会でしたが、「自称人見知り」の私は、知らない人ばかりの会合がとても苦手でした。

「A組」は発足したばかりで、私の参加した会は2、3回目だったらしいのですが、皆さんすでに仲が良さそうに見え、どこか心の中で壁をつくっている自分がいました。仕事が忙しかったこともありましたが、心の壁がその交流会に行こうと思う気持ちをストップさせていました。

2、3カ月に1回あった交流会に、半年か1年に1回の割合で参加するパターンが数年続いたと記憶しています。その間には、野球大会、釣り大会、スキーなど様々な催しをされていたようなのですが、私は打ち解けることができずになかなか参加できませんでした。

そんな態度ではメンバーとさらに距離ができるだけ、と思いつつ、それでも誘ってくださる方々がいたので、少しずつ参加し続けました。ところが6年目を過ぎた頃から、気がつくと緊張せずに気楽にメンバーと話せるようになっていたのです。何か環境が変わったわけでもないのになぜだろう？　年齢を重ねたことと度胸がついたこと、メンバーに頼ることを覚えたからかもしれません。


それまでは、どこかビジネス内でのお付き合いと思っていて、メンバー各人をきちんと見ていなかったように思います。その会の時以外に連絡を取ってはいけないルールがあるわけでもないのに、グループを超えてお付き合いしてはいけないと思っていたのかもしれません。せっかく知り合ったメンバーなのですから、とことん語り合いコミュニケーションを深めることで、お互いに情報交換ができるようになりました。

その会に参加している企業は、百貨店の他にホテル、レジャー施設、電鉄グループなどレジャー関連の企業、そしてメディアやＰＲ会社などでした。今では皆さん偉くなられ、仲間の人脈もますます広がっています。

自分だけの人脈には限りがありますが、仲間の人脈もバックについていると思えば百人力です。この人脈を生かして何かするのではなく、何かあった時の心強い仲間だと思って今でも仲良くさせていただいています。**心から信頼できる他企業の仲間をつくるには、異業種交流会に長く参加することもおすすめ**です。

◆異業種交流会のメンバーによるコラボレート企画

1990年のプランタン銀座では、スキー用品売場でスキーウエアと同柄の水着を販売展開することになりました。当時、冬にファッション水着を販売する発想がなかった時代、業界初の試みでした。

世はまさに、原田知世さん主演の映画「私をスキーに連れてって」(1987年、製作フジテレビジョン、小学館)が大ヒットしてスキーは大ブーム。もちろん、「A組」の仲間だったプリンスホテルの苗場スキー場も若い男女の超人気スポットでした。同ホテルでは室内プールもオープンしていて、スキーをしない若者にも人気だったことに着目しました。「スキーウエアとともに、水着も持っていくのがトレンド。ということでお互いにPR

しませんか?」。当時プリンスホテルの広報担当だった竹内晃治さんは、とても気さくな方で、こんな提案をしてくださったのです。

とはいえ、企画をつくり込んだわけではありません。竹内さんには、メディアからスキー場への取材依頼がきた時に、会話の1つとしてプランタン銀座の水着のことを伝えていただくだけ。プランタン銀座では、スキー場の取材ならプリンスホテルの竹内さんにご相談するとスピーディーに対応してくださいますよ、と一言紹介し合うということだけでした。

お互いに一言、問い合わせに情報提供しただけなのですが、思った以上の効果がありました。「プランタン銀座のスキーウエア売場に、スキーウエアと同柄の水着が登場した」というだけの情報では、テレビ業界用語でよくいう「画的《え》に弱い」のです。

そこで、テレビのディレクターさんには、「水着をスキー場に持っていくのがトレンド」という情報も紹介しました。この2つの画が合わされば1社だけではなく、2社の話題となり、画になること間違いなし。そんな連動企画が実現したのです。

当時テレビ朝日系列で深夜に放送していた「トゥナイト」という番組でも、「A組」のメンバーの情報を紹介し合いました。「トゥナイト」は、平日の夜23時24分からの生番組で、放送する内容を当日の会議で決め、その日に取材してその日に放送するという「弾丸取材」で有名でした。ディレクターさんはフットワークよく取材をさせてくれる企業を探していて、「即対応してくれる広報はいないか？」とよく聞かれました。

そういう時も、「A組」の人脈は強力でした。時間との勝負で戦っているメディアの方には、紹介で企業の広報と接点をもてるのは有効だったようです。広報担当者同士、自社あるいは知り合いの会社の情報が「メディア」に出るのは大きな喜び。日頃からの仲間との付き合いがｗｉｎ－ｗｉｎにつながったことは数知れずありました。

いま、「企業広報研究ネットワーク」（上野征洋《ゆきひろ》会長／日本広報学会副会長、社会情報大学院大学前学長）という様々な企業のベテラン広報経験者や大学の講師が所属する研究会のメンバーに入れていただいています。この会は、２０１２年に発足し、広報の次世代を担う、核となる層を育成することを目的とするボランティアネットワーク組織です。会合や勉強会をご一緒させていただけるだけで学ぶことは多く、経験豊富な諸先輩方との出会いも、私にとって大きな財産になっています。

広報の目

異業種交流会は積極的に、腹を割って交流することで、思わぬコラボも生まれる。

6 記者と信頼関係を築いて広報のイロハを教わる

新入社員の時には、取材に来られたメディアの方の仕事内容をもっと知りたいと思い、取材の後に1対1で話す機会を増やそうと努力していました。最初はほとんど仕事のやりとりでしたが、いつのまにかプライベートの話もするようになり、仕事の相談までできるようになっていました。

仕事の相談ができるメディアの方がいるということは、広報としてはとても大きいことで、**メディアの立場から見た意見を伺う貴重な機会**になっています。

記者さんにも異動がありますが、腹を割って話し、心を通わせた記者さんとは部署が変わっても親しくさせていただいており、昔と変わらず、仕事の相談や悩みを話したり、逆に困ったことがあれば連絡をくださったりする、そんな関係になっています。

この関係は、友人でもなく仕事上だけのものでもなく、広報をやっていたからこその、本当に嬉しい一生ものなのだと大切に思っています。

広報の目

人として、損得勘定なしにつきあうことで長く深い関係性が築ける。

column

働く女性広報としてどう生きてきたか②

育休中も現場の勘を忘れずに成長を続ける

育休明けに同じポジションに戻れるかどうか。これは、気にしていてもどうしようもないことです。一般的な企業では、基本的に現職復帰がルールになっているので、元には戻れると思いますが、仕事をこなせるかどうかはまた別の問題です。

私は、復帰後に育休ボケといわれないように、自分なりに努力をしていました。1人目の時は、産休中にも後輩に報告書を毎月送ってもらい広報内容をチェックしていました。テレビや新聞、雑誌も常に注意深く見て、トレンドと百貨店の情報だけは、意識して収集・分析していました。結局は、自分がいなくても組織の仕事は回ること、かつ1年くらいのロスは自分としてもまったく気にならないことが復職してわかりました。

2002年に次男が誕生した時の育休では、多少は余裕ができたので、次男を連れて「話し方教室」に通いました。人前でスピーチすると、緊張で頭が真っ白になってしまうというコンプレックスを克服したかったからです。100％克服できたわけではありませんが、以前よりは自信がつきました。職場を離れ、なくしかけた勘や自信を取り戻すためにも、自分磨きはとても大切です。

話し方教室で教わった、今でも心に残っていることを1つ記しておきます。

まずは準備を120％すること。書いてまとめて、何度も声を出してスピーチの練習をすること。練習時につっかえるようでは、本番でも失敗する。練習時に120％の状態にしておくことで、初めて本番で100％の実力が発揮される。練習で100％の場合は、本番では80％の実力しか発揮できないということ。

これはスピーチだけでなく、様々なことに共通しているなと、納得した学びでした。

第3章

ストーリー性のある企画広報戦略で仕掛けをつくる

1 他社とは異なる「ターゲットを絞った福袋」

「プランタン銀座」において、最も大きな「広報効果」を記録したのは、いまや各地の百貨店やショッピングモールで、年末年始の風物詩になった「福袋」でした。

「福袋」が社会的に認知されるまでは、どこか「在庫整理」「棚卸」的なイメージが拭えませんでした。実際に袋に詰められた商品は決して売れ筋の商品ではなく、福袋専用に仕入れられた商品のほうが多くありました。お客様にとっても、「袋に1つでもお気に入り商品が入っていればよし」「売値より高い物が入っていればラッキー」という「運試し」的なところもあったと思います。

プランタン銀座 「福袋」の歴史 時代を反映したテーマ

年	内　容	ポイント
1993	・**車**（いすゞの MU－XS ブライト） ・**版画 3 点セット**（カシニョール、ジャンセン等）	バブルのなごり
1998	・**バイヤー買い付け海外直輸入福袋**（初の直輸入福袋。バイヤーがフランス、イタリア、スペイン、ポルトガルでバッグ、靴、洋服、陶器などを買付け）	プランタン銀座だからこそのテーマ
1999	・**タレントのテイスト別福袋**（セクシー、コンサバ、ミニヨン、モデル、メンズモード系統別）	中身が想像できる福袋
2000	・ミレニアムウェディング福袋 ・ミレニアムベイビー福袋	ミレニアム
2001	・**21（ヴァンテアン＝21 世紀）バイキング福袋**（11 店舗のケーキショップから好きなケーキを合計 21 点チョイスできる）	21 世紀
2002	・**一般のお客様によるセレクト福袋**（20代：OL 勝負服 or 合コン服、30代：お洒落な休日お出かけ着）	消費者視点の福袋
2003	・**イケメンバイヤーが選んだ恋愛勝ち組福袋**（綺麗なお姉さん系、キュートな妹系）	イケメンブーム
2005	・その道のプロが指南！「究極美人ファッション福袋」（銀座ホステスさん版、ユニセックス版、若手女優版、パリジェンヌ版）	プロのセレクト
2008	・新銀ブラ　ストリート福袋（「女友達と銀ブラするマロニエ通り編」「彼と銀ブラする銀座中央通り編」「ママと銀ブラする並木通り編」	銀座の立地を生かした福袋
2013	・「プランタン銀座×阪急メンズ東京　デパコン付ファッション福袋」	他百貨店とのコラボ
2016	・「安心してください、とにかく女子度がアガりますよ！　福袋」「実に面白い…ウェディングドレス福袋」「『お、ねだん以上。』ベッドルームまるごとコーディネート福袋」	流行語を活用
2016（12月）	・プランタン銀座城　夢のウォーキングクローゼット執事付き福袋	最後だからこその百貨店まるごと福袋

筆者作成

第3章

ところが、1992年の新春のテレビニュースを見て驚きました。若い女性に大人気だった「ラフォーレ原宿」に福袋を買うために並ぶお客様の長い列ができ、開店と同時にお店に駆け込む様子が報道されていたのです。

「なぜ、ラフォーレ原宿の福袋だけが、ニュースになるんだろう?」

番組の中で女性たちは、買った福袋を階段で開けて、自分がゲットした商品を知らない人に自慢したり、お互いに取り換えっこしたりしていたのです。

何が違うのだろう? プランタン銀座にもこの賑わいが欲しい。ただ単純にそう思った私は、ラフォーレ原宿の福袋を分析してみました。

ラフォーレ原宿は、様々な人気ブランド店が入ったファッションビルです。各ブランドには特徴があって、そのブランドイメージやセンスが好きな人が顧客として商品を買い求めています。福袋も各ブランド別に企画されて販売していました。

ラフォーレ原宿の福袋は、自分のセンスや好みとマッチしたものが福袋に入っていることが想像できるから、多くの人が買い求めに来ていたのではないか。中身が見えなくても、好みの服が当たる確率が高ければ、福袋はお買い得であることには間違いありません。

それに対して、当時の百貨店の「福袋」は、家族が必要だろうと想像できる商品の詰め合わせが目玉でした。お父さんにはネクタイ、お母さんには女性用のセーター、子どもにはおもちゃ、家庭用にはフライパン、枕、時計。そんな生活必需品がたくさん入っていて、「3万円相当が1万円でお得です」というコンセプトでした。言わば、「総合福袋」という名で販売されていました。

確かにお得なのかもしれませんが、当時20代の私は、自分のお小遣いで買うなら、家族の分まで欲しいとは思えませんでした。ターゲットが絞られているのがラフォーレ原宿で、そこが百貨店との大きな違いだと感じました。

そこで、プランタン銀座の福袋はどうなのか。1993年度に企画された福袋を調べてみたところ、前年の12月に、社長をはじめ営業部員たちが「福袋の下見会」をやっていたことが分かりました。聞くところによると、下見会で石井社長は「福袋で売れ残り商品を詰めているとイメージが悪くなるから、プランタン銀座のイメージにふさわしい福袋をつくるように」と容赦ない指示を飛ばしていたそうです。

そのポイントは、「自分が本当に欲しい中身になっているか?」「価格的にお得なのか?」

「福袋価格の3倍以上の商品が入っているか？」「袋を開けた時に見栄えがするるか？」。

　下見会では、この4つが徹底的にチェックされたと聞きました。

　その後、1994年度の下見会に参加したのです。


　広い従業員食堂のテーブルには約60種類の福袋の中身がずらりと並べられ、その前で担当者が石井社長のチェックを待っています。靴売場からは、シンプルなデザインを中心としたカジュアルタイプとエレガントタイプで各々パンプス3点が1万円。ファッション雑貨売場からは、傘、ハンカチ、バッグ、ベルト、手袋、ストールなど約8点入って1万円。しかもOLに気に入ってもらえるような色柄の商品です。ファッション売場からは、セーターやスカート、それに合わせてベルトなどがずらり。お得そうなものがたくさん並んでいました。

　石井社長は1つずつをチェックしながら、「このスカートを買う人が、このセーターを着ると思う？　この食器を好む人がこのランチョンマットを喜ぶと思う？　趣味の違う商品がごっちゃに入っているからやり直し！」

　そんな細かいところまで1つずつチェックしながらスタッフに指示をしていたのです。

私にとっては驚き以外の何モノでもなく、こんなに中身にこだわっているのであれば、誰もが余り物の福袋とは思わないだろうと確信しました。

広報の目

ちまたの行列やヒットしている理由を分析し、自社の事柄と比較し新しいことを仕掛ける。

2 舞台裏を見せることで信頼を獲得する

この時私が発想したのは、「広報&企画販促&現場」の三位一体が協働して創り上げる「ストーリー戦略」でした。福袋の販売前の年末に、お客様に「福袋が出来上がるまでのストーリー」を知っていただきたいと考えました。

物語の最初は、事前に見せることのなかった福袋の中身を、テレビ番組を通して年内に見せること。その中身は、社員が努力して、メーカーと協力しながらセレクトしていること。中身がわからないという発想を変えて、いかに苦労して中身をセレクトしているかを「見せる」ことからスタートしました。

初めて下見会を見学した時、福袋の商品選定にこだわるこの会議を見てもらえれば福袋のイメージが変わる。私はこれだ！　と思い「テレビを通して下見会をお客様に公開したい」と、石井社長に直訴したのです。

下見会も福袋の中身を事前に公にするのも、まして「福袋の裏側を見せる」のはプランタン銀座が先駆けでした。当時、百貨店やホテルなどサービス業の裏側を見せることはNGとされていて、お客様にはイメージの良い表側だけを見せるという時代の流れがありました。

1994年12月、まずは、朝の情報番組で特集を制作している仲の良いディレクターさんに「下見会」の取材をしてもらえないかと売り込みをしました。この様子が放送されれば、絶対に話題になるはず。けれど一歩間違ってトラブルがあれば、プランタン銀座および福袋のイメージダウンになってしまいます。

だからこそ、何度も仕事をしたことのある信頼できるディレクターさんに相談したのです。門外不出の下見会の裏側は、ほぼ即答で取材したいと言っていただけました。

もちろんデパートの裏側の素の状態を撮影してもらうので、スタッフとの事前の打ち合わせと撮影立ち会い時の気遣いは半端ではありませんでした。一番の気遣いポイントは、「イメージが悪く映らないように！」すること。会社を背負っての立ち会いです。

不思議なのですが、この時の私はデパート側の意識ではなく、またメディア側の視点でもなく、テレビを見ているお客様の視点を重視して撮影に臨んでいました。毎日見ているテレビだからこそ、お客様の目線で立ち会っているほうが、いろいろと見えてきました。

カメラが回っているとはいえ、普段の仲間との打ち合わせとなると誰かに見られている、聞かれているという意識は飛んでしまうものです。

カメラが止まるたびに「さっきこう言っていたけど大丈夫ですか？　間違っていないですか？」「整理整頓されていないストックが映っていなかった？」など、気になったことはすべて、社員やカメラマンさんそれぞれに確認しながら進めました。
するとディレクターさんも実際に社員が言った言葉でも、誤解を招く表現になっていることがわかると撮り直しもしてくださいました。

どんな撮影の時でも、現場の担当者のコメントはしっかり聞くようにしています。企業の立場として問題ない発言か？　また視聴者やお客様の立場に立った時に不愉快にならないような伝え方や見せ方になっているか？　両方の視点で確認を取ることが重要です。心に心配のタネが浮かんだら必ず口に出して確認し、**1つずつ疑問や問題をクリアにして後悔のない取材にする**よう努めています。テレビの場合は特に、スタッフが帰ってしまったあとでは撮り直しはできないので、十分な気遣いをして臨んでいました。

広報の目

お客様が喜ぶことはメディアの方も興味がある、だから誰もやっていないことをやろう。
取材対応では常に細心の気配りを。

3 銀座の街に長蛇の列ができた

無事に下見会の模様が年内に放送され、翌年のお正月を迎えました。福袋販売開始の早朝、会社から「午前4時ごろからお客様が福袋を求めてすごい行列をされているから、早く対応しに来てほしい」と電話が入ったのです。

えっ！ 行列！ 午前4時から？ これは想定外の出来事でした。タクシーで銀座に駆けつけ、会社に着くと建物の周囲には真冬の寒空の中、グルリと人の波が取り巻いています。行列は前年度の2倍以上の6000人！ こんな光景は、入社以来、初めて見るものでした。その場にいた社員全員、鳥肌がたつほどの感動と興奮を覚えました。

この瞬間にプランタン銀座の福袋戦争がスタートしたのです。

翌年には、社内用の福袋の下見会に、複数のテレビ局や新聞社の方にもお声がけするようにしました。ブームはブームを呼び、福袋発売初日の行列は1万人を超え、寝袋持参の

第3章

徹夜組まで出るほどになりました。

広報の目

売れ始めた時がスタート。1つのきっかけをどれだけ大きな話題にできるかが勝負。

4 同業他社と共存して話題性を高める

福袋商戦がある程度話題になると、今度は週刊誌で記事展開してもらえないかと思うようになりました。それまでは今までの人脈で、テレビや新聞中心のプロモーションを行っていました。テレビ番組や新聞記事は多くの人に物語を拡散してくれますが、一瞬で消え去るという宿命もあります。もちろん今ならネットのアーカイブや新聞の記事検索もありますが、この当時は一般的ではありませんでした。
また自分の人脈だけでは偏りがあるので、福袋のムーブメントを新しいメディアに広げたいという思いもありました。雑誌はある程度の期間、書店やコンビニの売場に並びますから、口コミで福袋の噂を聞いたメディアの方が、情報源にする可能性は高かったのです。

ところが当時、福袋用の商品が集まりだすのは、下見会が開かれる12月初旬という、発売直前のスケジュールでした。これでは取材から記事掲載まで1カ月はかかる雑誌の新年号（年末発刊号）には間に合いません。福袋の責任者に相談し、「進行スケジュールを前倒しにしてもらないか」とお願いし、商品選びを早めに行ってもらいました。

準備を整え、知り合いの雑誌ライターさんに福袋を取り上げてほしいと相談しました。すると「1社だけだと宣伝になってしまうから、他2社の百貨店の福袋を集めてくれたら特集してもいいよ」とおっしゃってくれたのです。

他の2社に協力してもらえれば、雑誌の特集が組める。そういう思いで、すぐに仲の良い他の百貨店の広報担当者に声をかけることにしました。

すると即答ではありませんでしたが、結果的に「一緒にやろう」と2社が協力してくださったのです。その結果、「女性セブン」（小学館）に2ページの「福袋特集」が組まれ、1ページにプランタン銀座、もう1ページに横浜の百貨店と池袋の百貨店の福袋が紹介されました。それは雑誌界では初の「福袋特集記事」だったと思います。自社の宣伝だけを考えていたらできなかったことを、他社と共存することで特集を組んでもらえ、また「物語の拡張」ができることを知りました。

福袋特集の声をかける相手は、商圏の違う百貨店にしました。同地区の百貨店だと、銀座に来たお客様をとられてしまうことを懸念したからでした。

まだまだ百貨店競合の時代であったため、石井社長からは「わざわざ他社の福袋まで宣伝するのはおひとよしね」と言われました。**まったく掲載されないよりも他社と一緒でも誌面で掲載されることで新たなメディアの方の目にもとまる可能性が強い**ことをお伝えし、トライさせていただきました。

新しいことへチャレンジしようとする私の背中を必ず一押ししてくださる石井社長は、やはり信頼できる上司でしたし、思うように行動させていただけることは、何よりも広報を好きになり、楽しいと思えるきっかけにもつながりました。

やがて雑誌が発売になると、この時も思いは通じて新規のメディアの方からの取材依頼が急増したのです。文字という形で長時間市場に残る雑誌の力は強いと確信した時でした。

現在ならばWEBやSNSが力を伸ばしています。こちらはメディアというよりも「口コミ」に近い魅力があります。雑誌は受難の時代といわれていますが、ポテンシャルは強く、ネタ探しの1つとしてもチェックしているメディアの方は今でも多いと聞いています。

いずれにしても、**「物語」は他社と共存してでも拡散する方向を選ぶほうがベターだと体感しました。情報は出ないよりは出たほうがいい。**その結果、**福袋商戦は首都圏の百貨店全体に広がりました。**これまで何が入っているかわからなかった福袋を、あえて中身を取材という形式で事前公開して販売する。これは、他社に見劣りせず、ある程度中身に自信を持っている証拠でもありますし、自信があるからこそ中身を見せたくなる。そして、来年はもっといい中身を作ろうと思うのが販売側の心理です。

それは魅力ある福袋が各社から出てきて、メディアの方がさらに取材しようと思ってくださるきっかけにもなったと思います。

広報の目

自社の利益だけを考えず、業界が盛り上がることで自社を浮き立たせるという考えもある。

5 お客様の生の声を広報に生かす

「年末年始の福袋商戦を狙って、購入作戦を練っているお客様の姿を12月から当日まで追いかけて取材したい」

そんな依頼が、あるテレビ局から舞い込んだこともありました。もちろんこの企画が実現したら、プランタン銀座としては願ってもないことです。自社のスタッフが商品やボリューム感、季節感などをアピールするよりも、お客様の口からその魅力を伝えてくださったほうが、はるかに説得力があります。

しかし、百貨店ではそんな情報はとっていませんし、むやみにお客様を紹介するわけにもいきません。まして、福袋販売前に取材ができる一般のお客様を探し出すのは、メディアの方にとっても難しいことです。

その年は何もできなかったのですが、その意見を翌年に活用させていただくことにしました。**翌年取材してくださるメディアの方のために、撮影にご協力いただけるお客様をキープしておくことにした**のです。

福袋発売当日に売場で調査していると、「目的のものがゲットできた！」と喜んでいる女性がいたり、「来年の福袋はもっと早くから来て並ぶわー」と悔しがっているお客様もいたりしました。

そんな「福袋大好き」という雰囲気のお客様に声をかけ、来年は福袋を購入されるかどうかを伺い「絶対来ます」と返答をくださった方へ来年の取材のお願いをして、連絡先を教えていただいたのです。そうしておいて、翌年の福袋の時期には、テレビ局の方に「一般の福袋好きのお客様も取材を受けてくださいますよ」と、**プランタン銀座の福袋ファンを一緒に売り込みました。**

テレビ局の方は大喜びで、この企画は何年も続きました。プランタン銀座の福袋ファンですから、ほぼ悪いことはおっしゃらないだろうとの信頼感、商品の下見会をきっかけに、提供側であるバイヤーの苦労、初売りまでのお客様の下調べと、お目当ての福袋をゲットする作戦、そして当日はそれらを取材してくださることで、放送特集の枠も長くなり「プランタン銀座の福袋」のイメージが付き始めました。

こうやって、毎年新しいことを追加しながら「福袋ストーリー戦略」は少しずつ前進していきました。

広報の目

メディアが求める情報や画をキャッチし、独自にストックしておくことで、情報として提供できる。

6 「タレントテイスト別福袋」でお金をかけずに企画を「見える化」

福袋の中身が充実し、下見会などのイベントも各百貨店がそれぞれに行って足並みが揃いだしてくると、お客様やメディアからの期待値も年ごとに高くなりました。

プランタン銀座はそのムーブメントの先頭を走っている自負はありましたが、それゆえに毎年気を引き締めて新しい企画を立てるのに必死でした。そうしなければ、あっと言う間に他社にリードを許すことになってしまうからです。

広報としては、現場スタッフと協働しながら次々と新企画を考え、それを拡散していきました。その1つに、1999年の「タレントテイスト別福袋」がありました。

福袋はその人気の高まりとともに、「総合福袋」から少しずつ「商品別福袋」「テーマ別福袋」へと進化していきました。要するに中身が「見える化」していき、お客様の志向に合うようにセグメント化されていったのです。

そんな中で、売場の福袋を見て気づいたことがありました。「カシミヤセーター3枚セットで3万円」。これは確かに高級感あるお得な福袋だと思ったのですが、セーターといっても、Vネックのスクールセーターのようなシンプルなデザインや、ビーズがたくさんついていて袖がパフスリーブになっている可愛いタイプなど、いろいろなものがあります。「カシミヤセーター」と表示しただけでは、自分の趣味に合うかどうかがわかりません。それでは、どんなにお得でも「私は欲しくない」。

そこで、**商品名を見ただけで中身のテイストがわかる福袋を考案した**のです。それが「タレントテイスト別福袋」です。プランタン銀座にはタレントと契約する予算がないのはわかっていたので、じゃあどうやって？　と頭をひねりました。

行き着いたアイデアは、誰もが思い浮かぶその年の人気のタレントの中からファッションが印象的なタレントを選び、そのファッションの系統で福袋の名前を作成したのです。

たとえば中山美穂さん風「コンサバ系福袋」、華原朋美さん風「ミニヨン系（小さくて可愛らしい）福袋」、叶姉妹さん風「セクシー姉妹系福袋」。それはテレビ局の方が取材をしてくださるということを期待しての企画でした。

取材が入れば、デパート側からはタレントの名前を伝えなくても、メディアの方が視聴者の方にしっかりとわかるように表現してくださいます。シルエットや出演しているドラマの曲などを流しただけで誰もが想像できるタレントのイメージにつながります。そういう人を選ぶのが1つのポイントでした。

さらにもう1つ、メディアの方向けに工夫をしました。タレントテイスト別福袋は下見会で社員がモデルとして着用、プレゼンに参加したのです。下見会は社内的なものではありますが、テレビ局の方から見ると、商品がテーブルに置いてあるよりモデルが着て動いているほうが喜ばれます。

プランタン銀座らしい、そのファッションが似合う社員モデルを選び、下見会の撮影対応をしました。ちょっとした演出ですが、メディアの方が参加されているということは、すでに社内の下見会ではなくなり、公の会になっているという認識での対応でした。

この福袋は売れる自信がありました。ここまでお客様の気持ちになって作っている福袋だから、メディアの方も興味を持ってくださる。そう信じて作り上げた福袋です。その自信の理由は、それまで百貨店の福袋でトータルコーディネート提案をしているところがなかった、テイストがわかる福袋も販売されていなかったという新奇性です。

「好きなタレントに憧れる」という女性たちにとっては、プロであるデパートの社員が自信をもってセレクト・コーディネートしたものを、安く購入できるわけですから、興味を持たないわけがありません。

結果、開店前の行列は1万1600人、徹夜組は70人を記録。タレントテイスト別福袋は即完売しました。

他の百貨店も、さらに福袋のクオリティが高くなり、世の福袋に対する印象が変わり始めた時期でした。

広報の目

お客様の潜在的なニーズを探り出し、形にして、独自の切り口で発信する。

7 スケジュールを公表して追いかけ取材を獲得

さらに福袋のストーリー戦略は続きます。売場担当者が福袋を完成させるまでのスケジュールを、あらかじめメディアの方に公表したのです。

これは毎年のように年末も押し迫ってから聞こえてくる、「もっと早くから福袋関連の企画を立てておけばよかった」というテレビ局の方の声を元に対応したものです。商品の打ち合わせ、プレゼンテーション、商品セレクト、などのスケジュールを事前に公表することで、取材計画も立てやすくなります。

トータルで密着取材をしてもらえば、放送の尺も長くなります。さらに、「福袋は余りものしか入っていない」とまだ思っているメディアの方に、「えっ!?」と驚いてもらう戦略でもありました。

2000年に入り、「ご当地福袋」「合コン福袋」「プロが指南の福袋」「イクメン福袋」など様々なアイデア福袋を毎年、企画提案し、それをストーリー立てにして広報したこと

第3章

でプランタン銀座の福袋はさらに注目を浴びることとなりました。

広報の目

メディアの方が知りたいネタを先回りして提供する。

8 福袋が百貨店全体を巻き込んだムーブメントに

様々な企画と広報を続けているうちに、世間では、福袋ブームが出来上がり、「銀座地区福袋戦争」は池袋地区、横浜地区へと広がり、最終的には「百貨店福袋戦争」とまでいわれるようになりました。福袋は、私がプランタン銀座を去ったあとも後輩たちが引き継ぎ、2016年にプランタン銀座が閉店する時までつくり続けました。

毎年、知恵を絞り話題性のある企画を考え、社員一丸となってお客様の期待に応えられるように全力で走り抜く。だからこそ「福袋といえばプランタン銀座」というイメージが強固になったと思っています。

このイメージが確立したことで、メディアの方にお知らせしなくても、福袋の特集には必ずプランタン銀座に声がかかるようになっていました。売り込む前から、メディアのほうから声がかかるのですから、広報としては最高のポジションを確保しました。**企業のイメージが確立すると、戦略というのは、お客様にも、メディアの方にも有効であると**感じました。

広報の目

1社だけではなく、業界全体が盛り上げることでブームへとつなげる。

9 同業他社へ出向——銀座三越の広報として取り組んだ福袋戦略

「福袋＝プランタン銀座」というイメージをつくった後、2004年、私は銀座三越の広報担当として出向することとなり、三越でも福袋にチャレンジすることになりました。立場が変われば戦略・戦術も変わります。

今度は全力で三越の福袋戦略に取り組み、「プランタン銀座に追いつき追い越せ」「プランタン銀座との差別化を図れ」を自分なりの合い言葉に、業界初の「福袋ファッションショー」を企画しました。

福袋をつくった担当者に、ファッションショーさながらに売場を練り歩いてもらうという企画です。「ファッション福袋」はスタッフに中身を着用してもらい、「鍋セット福袋」は、エプロンを着けた数人の男性がフライパンやおたま、鍋を持って練り歩く。「スイーツ福袋」は、ワゴンに並べてゆっくり歩いて見せました。

本来動かない商品を、どう動かしてお客様の目を楽しませるか。そこがポイントのショーでした。

この時もすべてがスムーズに進んだわけではありません。プランタン銀座から出向してきた異端児の私が、老舗百貨店の三越で福袋を企画するのですから、当然のように意見の食い違いがありました。フロアでショーをやるとなると、お客様の動線、その時の売上確保、イベントの予算など、様々な問題を解決しなければいけませんでした。会議では、上司から、売場からの視点でいくつもの問題提起をされました。広報側からはメディアの視点からの希望を提案し、徹底的に話し合い、折り合いをつけてのイベントでした。

だからこそ、各部署で責任をもってやり遂げることができ、取材、撮影もたくさんしていただき、問題なく終了することで、翌年の福袋企画にもつながりました。

いろいろな意味で自分にとって失敗ができない企画でした。

そんな活動を毎年続けてきたことで、年末年始の福袋商戦はいつのまにか自分にとっても特別なイベントになっていました。つまり「プランタン銀座＝福袋」であると同時に、

「三井智子＝福袋」でもあったように思います。

今では、百貨店各社で、少しずつ変化はありますが、ひとつのシーズンイベントとして企画されています。時代に合わせた福袋がこれからも続くといいなと思っています。

広報の目

会社のイメージ、方針に合わせながらも、どこまで冒険できるかが広報の腕の見せ所。

手持ちの服を手軽に差別化 ――「ユザワヤプチデコ物語」の始まり

プランタン銀座から広告代理店の読売エージェンシーに出向後、2009年、ユザワヤさんと出合いました。東京の大田区蒲田に本店を構える老舗の大型手芸専門店です。ユザワヤさんが都心への出店を企画して、銀座、新宿、横浜、渋谷に2年間で4店舗を出店するという話がありました。

新聞への折り込みで広告展開をしたいというお話をいただき、読売エージェンシーの営業担当者が動いていたのですが、私のゆかりの深い銀座に出店するということでしたので、携わりたいという気持ちから「広報戦略」を企画して営業担当者と提案をしにいきました。

地域性や話題性を考えて店舗別にストーリーを考え、それを核にしながら店舗の存在を新しいお客様とメディアに訴求する。そんな広報の提案です。

当時、街中ではユニクロやH&Mといったファストファッションが大人気でした。言い換えればファッションが画一化し、「ユニかぶり」という言葉ができるほど、街中にはユニクロを着ている人がいました。

その時に思ったのは、「様々なパーツを売っているユザワヤさんならベーシックなファッションを個性的に変えられる」ということ。Tシャツでもスニーカーでも、ファストファッションを自分でデコレーション（デコる）すればオリジナルを楽しめる。しかもそれが簡単に作れたら、多くの人が興味をもつ。そこに企画広報のチャンスがあると考えたのです。

とはいえ、すでに出店の準備が終盤になっていた時期だったので、予算をかけて新しい試みを企画したり、新たな商品を仕入れたりするのはハードルが高くなっていました。現在ある商品で何ができるか？　とユザワヤ店内を視察してみると、素晴らしいパーツがあったのです。

それが「クリスタルシート」でした。台紙上にきらきら輝くクリスタルがハート形や可愛い動物の形、花柄などになっていて、それを剥がしてTシャツの上に置きアイロンをかけると定着するという、いわゆるアイロンワッペンの豪華版です。デザインを考えれば仕上がりはゴージャスで、様々な工夫もできます。

それ以外にもおしゃれなリボンやボタンなど、デコるパーツが豊富に揃っていました。アイデアによっては凝ったものもできる。これをコーナー展開して新店舗の目玉にする企画を考えました。

早速、当時就任されたばかりの畑中喜雄社長に提案しました。すると「面白い！　どうせなら、『プチデコ』という名称で商標登録して商品展開しよう。一緒にやろう」と即決してくださり、実施することになりました。

そこから「ユザワヤプチデコ物語」が始まり、想像していなかったブームが生まれたのです。

広報の目

時代背景を捉え、既存商品の新しい活用法をお客様へ提案する。

2 お客様とメディアへ訴求する銀座店ならではの仕掛け

銀座店は商圏を考え、ターゲットを銀座のＯＬと豊洲のおしゃれなママに設定しました。テーマは、「ファストファッションをプチデコる」。隣のビルにもユニクロが入っていたので、お客様にはわかりやすい提案でした。

お客様とメディアの方への訴求ポイントは、安い、簡単、おしゃれの3つです。

①安い

材料が高ければ万人受けしない。「買うよりもつくるほうが安い」と思ってもらう。

②簡単

家庭科のイメージを訴求してしまうと興味が半減する。アイロンをかけるだけ、のりやシールで貼るだけでできる。針と糸を使ったことがない人にも、やりたいと思ってもらう。簡単に作れる素材が豊富にあると思ってもらう。

③おしゃれ

シンプルなデザインのファストファッションが、ちょっとした作業でおしゃれになると思ってもらう。

この3つのコンセプトで徹底的に攻めることにしました。

広報の目

時代背景と商圏に合わせたターゲット設定で狙いを外さない。

3 幅広いサンプルでバリエーションを見せる

この企画を受けて、畑中社長は新店舗の上りエスカレーター正面の一番良い場所に、大きなプチデコ看板とともにコーナーを展開しました。元々予定していた売場のレイアウトを変更して、デコるパーツをできるだけ1カ所に集積し、「店が力を入れているコーナー」として設置。それは、メディアの視点から見ると取材しがいのあるボリューム感でもありました。

そして、プチデコのサンプルづくりです。扱ったのはジャケット、Tシャツ、パンツ、帽子、ベルト、バッグ、運動靴など。トータルコーディネートで提案できるように、ディスプレイする商品をセレクトしました。

デコるパーツは、クリスタルシート、スパンコールやフリル、クロスステッチリボン、そしてボタンやコサージュなど、ありとあらゆる材料です。

針と糸を使うアイテムは上級者向きなので、アイロンのみでできる方法を初級者用として設定。ユザワヤ芸術学院の先生の全面的な協力を得て、30種類ほどのプチデコサンプルを作成しました。

POPには、使った商材や付け方、出来上がるまでの所要時間、材料費、**初級者から上級者までの難易度情報を明記して、誰でも簡単にできることをアピールした**のです。

その結果、テレビ・新聞をはじめ、各メディアがプチデコ中心に様々な切り口で店舗オープンを記事にしてくださり、銀座店の存在を広めることができました。

この成功の裏には、3つの要因が考えられます。

①銀座に、大型手芸専門店という新しい分野が登場したという新奇性
②値頃感と自分らしく生活を楽しむことを求める時代のニーズと合致
③ユザワヤから消費者に向けて、今までにない銀座らしい店を明確に提案したこと

銀座が成功し、新宿、横浜、渋谷と同じコンセプトで行うことになり、テーマだけ各商圏に合わせて変えることにしました。

広報の目

メディアを説得できるテレビ映えする売場づくりは、お客様も引きつける。

4 地域商圏に合わせた企画発想のポイント

翌年の春には、横浜ベイクウォーターに出店。横浜といえば、イメージはやはり「海」。海といったら「サーファー」と「ハワイ」。夏に向けて「ハワイアンプチデコ」をテーマに提案しました。

デコるメイン商品は、「ベビーグッズ」です。公園に集まる子育て世代を見ていると、同じようなシンプルなデザインのベビーカーが多く、デコって個性を出したら「子育てが楽しくなるかも」。そこからの発想です。

こうして銀座と横浜の2カ所で、プチデコという統一したコンセプトのもと、テーマだけ変えて展開したことで、「ユザワヤでプチデコ」の印象が、メディアの方にもお客様にも広まっていった感じでした。

その後、11月にオープンする新宿高島屋店でも「プチデコ」を継続しました。ここでのターゲット層は、「コンサバな母娘」。時期がクリスマス前ということで、クリスマスパーティーを意識してテーマを考えました。そのテーマは「ランジェリーメイク」。靴下やストッキングにデコることで、今までのプチデコとの差別化を図りました。

この発想のポイントは、たまたまとある百貨店の靴下売場で、大きなリボンがかかとに付いているフランス製のレギンスを見つけた時に、「可愛いけどリボンがついているだけで3600円は高い」と思い、「これ、ユザワヤさんなら、もっと安く簡単につくれるのに」と思いついたところからです。

パンプスとの相性を考え、カバーソックスにレースやコサージュのパーツをデコると、シンプルなパンプスが一気に華やかになる。ロングブーツなら、ハイソックスの穿《は》き口にスパンコールやファーを付けると、ブーツの上の部分からファーが見えてゴージャスになる。靴を脱いでも「おしゃれ!」と思ってもらえる。もちろん、クリスタルシートでデコることも忘れずに提案しました。

ユザワヤ新宿高島屋店の店頭では、靴下を扱っていなかったので、プチデココーナーで靴下を仕入れていただき、デコるパーツとともに販売しました。少しでも単価が上がるように考えた提案です。

1回目の銀座店、2回目の横浜店でのプチデコの反響に加え、新しい提案と、安くつくれることからお客様の評判も上々でした。お客様が集まると、メディアの方はさらに興味を示し、ひとつのトレンド現象として「プチデコ」を取り上げてくださるようになりました。

一連の企画展開を通して、特にクリスタルシートは爆発的な人気となり、このメーカーでは生産が追い付かず、スタッフを増員したとの話も聞きました。**ユザワヤにしかないデザインも次々に登場するようになり、その新鮮さが、お客様だけでなくメディアの方をも飽きさせなかったのではないか**と思っています。

広報の目

企画の発想は連想ゲームでトライ。
お客様の関心事や流行、「あったらいいな」を研究し続けることで、人気は継続する。

第3章

5 企業とのコラボ戦略、女子大生の協力でテレビ取材

プチデコ戦略の最後は、若者の街「渋谷」に乗り込むことでした。手芸には最も縁遠い渋谷の若者に何を訴求するか。

コスプレ？　とも考えましたが、男性用下着のボクサーパンツをデコることにしました。発想のポイントは、渋谷の街でズボンの腰部分からあえてパンツを見せている若い男性を多く見かけたことと、しゃがむと下着が見えてしまうローライズパンツやスカートの流行でした。さらに、派手なパンツが輸入され始めたり、大手下着メーカーが原宿にパンツ専門店をオープンさせたりするなど、パンツへの興味関心が高まっている時期だったことがありました。

見せるにも見えてしまうにも、普通のパンツではあまりにも残念。「どうせ見せるならオシャレに」という気持ちで、ゴムの部分にデザインを施すことを提案したのです。

プチデコ提案も4回目になると、メディアの方も飽きてくる頃です。プチデコパンツのサンプルをつくるにも大量のパンツが必要で、何よりパンツの販売もしたかった。そこで、大手下着メーカーに協力を得て、コラボ企画にさせていただくことができました。

デザインは、リアルな発想を持つ女子大生に依頼。これにより、ユザワヤ渋谷店にもテレビの密着取材が入りました。

テレビ的にいえば、「プチデコ」という何かをデコる作業は、どんなテーマに変えても同じような画柄しか撮れません。だからこそ、継続して販促をする時には、少しずつ新しい画が撮れるように工夫を凝らします。これもテレビ局の方から教わったポイントです。

そういう意味では、**私の頭の中は、いつも自己流ですが「テレビディレクター思考」**になっています。**テレビの視点で発想を膨らませておくと、新聞やWEBメディアの方にも喜ばれるシーンを提供できる**のだと、後に気づいたことでもありました。

広報の目

企画のネタは街中にも転がっている。「画」が浮かぶ企画の展開を考える。

6 広告費に換算すると約26億円の効果

2年間で4店舗のユザワヤプチデコ戦略は、広告換算で26億円以上の効果を上げることができました。広報効果の表現は、なかなか難しいとされていますが、今回のプチデコ戦略は新店舗がオープンしたという告知が大きな目的です。様々なメディアに複数の記事が出たことは、大きな成果だったと思っています。

とはいえ、ユザワヤさんは商品を販売している企業のため、告知だけでなくお客様の動員や売上の貢献にどれくらいつながったのかも、最終の着地点としては気になるところです。

今回のプチデコの単価はそんなに高いものではありませんでした。しかし、売れ筋の商品が生まれ、売上アップに少しでも貢献できたことは、PRができた以上に嬉しいことでした。

2年間のメディアPRを継続したことによって、メディアの方には手芸への興味を持っていただけるようになり、「手芸のことならユザワヤさんに聞いてみよう」と思ってもらえるようになりました。メディアからユザワヤさんへ声がかかるようになったことも、広報冥利につきることでした。

PRの成功の要因は、時流にあったデコパーツの豊富な品揃えと目新しい商品「クリスタルシート」の存在、そして「安い・簡単・おしゃれ」という3つのコンセプト（139ページ参照）で2年間やり続けた「継続性」と「イメージ戦略」がポイントだったのではないかと思っています。

広報の目

既存の商品も提案の仕方を工夫し、継続して仕掛けることで、ヒットが生まれる。

7 時代に合わせた活用法で「プチデコ」が5年ぶりの復活

ユザワヤは企業戦略として、様々な地域に「ユザワヤセレクション」を作り、その立地での商況を見て将来的な方向性を見極めながら、スクラップ&ビルドしていく方針でした。そのため2021年現在、新宿髙島屋店と渋谷店はなくなっています。銀座店は一度閉めましたが、その2年後の2017年夏に場所を銀座コア（5丁目）に変えて現在も運営しています。

新しく銀座店がオープンするにあたり、改めて、プチデココンセプトを起用しました。テーマは、「プチデコサンダル」。シンプルなビーチサンダルを「カジュアル」「ポップ」「エレガント」「豪華」のイメージでデコるというものでした。百貨店で人気だった豪華な飾りの付いたサンダルから着想を得ました。

この時も「プチデコビーサンコーナー」は、いつものように上りエスカレーター正面の一番目立つ場所に設置してくださいました。大きな看板をつくり、各作品に番号と材料費

きらめくビジューで街歩き、教室も盛況

かつて「ゴム草履」と呼ばれたビーチサンダル（ビーサン）の高級化、オシャレ化が著しい。鼻緒にビジュー（飾り）が輝くラグジュアリービーサンが並ぶ百貨店。自分好みの一足に装飾する手芸店の「デコビーサン」教室も盛況で、海辺だけではない驚きの進化ぶりだ。（重松明子、写真も）

ビーサン高級・オシャレ化

近ごろ都に流行るもの

ベージュやグレーの上品な色合いのビーサンに、スワロフスキー（オーストリアのクリスタルガラス）でかたどった花やフルーツがキラキラと輝く。5センチと8センチの厚底ヒールもあるゴージャスな50種類。価格は8532～2万304円とパンプス並だ。

伊勢丹新宿本店は、ニューヨークのハンドメードビーチサンダル「Sand by Saya（サンド バイ サヤ）」のポップアップストアを6月末から展開（現在はセールのため一旦休み、19日再開～31日まで）。

「オシャレでラクチンでハッピーなイメージ。軽く、雨にぬれても平気です。20～30代を中心に買い物や街歩き、野外フェスなどで履かれる方が目立つ。ネットで探して地方から来店する熱心なファンもいます」と婦人靴担当の赤木謙さん(28)。

ファッションにリラックス感を求める風潮にマッチし、流行のワイドパンツに負けないボリュームで足元を演出。麻や木綿のワンピース、デニムなどカジュアルファッション全般に合い、下駄《げた》では歩きにくいという人は、邪道だが浴衣のときにもよさそうだ。

昨年5月に初めて売り場に並べたところ「これまでなかった」と女心をつかみ、初日午前中だけで約50足も売れたという。伊勢丹新宿本店での好評を受け、19～25日には銀座三越でもポップアップストアが開かれる。

作っているのは日本人女性だ。ニューヨーク在住のデザイナーSayaさんが2009年に立ち上げたブランドで、美しいビーサンの評価は年々拡大。2年前にはニューヨーク若手デザイナーのトップ25にも選ばれている。

◇

ユザワヤ銀座店が6月に始めたデコビーサン教室をのぞくと、女性たちの歓声がワイワイとにぎやか。黒のビーサンを人工パールで飾った若い女性は、「これでビーチウエディングできるわよ」と褒められて、「トータル2700円ですよ。メッチャ安くないですか!?」と興奮気味だ。

スパンコールやブレード（刺繍《ししゅう》やビーズなどをあしらった装飾テープ）をはじめ、店内2千種類の手芸・アクセサリーパーツすべてがデコ素材となる。好きなパーツとベースとなるビーサン（1998円）を購入すると無料で教室に参加でき、1日当たり平均8人が受講。8月末まで開かれている（予約☎03・3573・4141）。

大きなスワロフスキーなどを使えば別だが、大半は2500～3千円ほどの予算。「草間彌生っぽい水玉のブレードを見つけた」と、目を輝かせるのはさいたま市から参加した女性会社員(23)。ボタンやフリルも使って約1時間で完成。「今着てる服にも合う」とうれしそうに素足を入れた。指導するユザワヤ芸術学院の北島真紀講師は、「材料はこれだけ豊富にある。自由な発想力で作って、ひと夏を楽しんで」。

おしゃべりしながらチマチマと手芸にいそしむ…実に日本人らしい平和な光景。大和撫子《やまとなでしこ》の器用さと創意工夫がビーサンの足元で弾んでいた。

スワロフスキーなどのビジューを使った美しいビーチサンダル「Sand by Saya」＝新宿区の伊勢丹新宿本店

ユザワヤ銀座店のデコビーサン教室に参加した女性。「このまま履いて帰れそう」＝中央区

（2017年7月24日　産経新聞　朝刊）

の表示もしっかり付けました。

人気のあるサンプルのパーツは、コーナーにも置き、お客様がすぐに手に取って買えるような仕組みづくりもして、売り損ねることのないような売場づくりをしたのです。

約5年ぶりの「プチデコ」訴求は、サンプルや商品を展開するだけではなく、その場で作れる講座も売場の一角で開設しました。お客様が実際に作っているシーンは、テレビ局の方から見ると動きのある画が撮れ、実際のリアルなコメントも撮れるため、評価の高いイベントとなりました。

このイベントは、百貨店で人気のあった豪華飾り付きサンダルとともに、「購入できる商品と手作り」という2つの軸で産経新聞に掲載されました（151ページ参照）。

広報の目

同じテーマでも、以前との違いを明確にし、新たな試みを追加することで再び広報ができる。

8 「ユザワヤプチデコ戦略」から導いた集客もメディア取材も実現する鉄則

この一連の「ユザワヤプチデコ戦略」からは、以下に挙げる5つの広報における鉄則を導くことができました。

① 「新店舗オープン」のタイミングを逃さない

新店舗がオープンすることは、メディアの方にアナウンスする一番のきっかけです。たまに「オープン時は販売システムや社員教育、メニューが未完成なので、完璧な状態になった時にPRしたい」という方がいらっしゃいます。

しかし、メディアの方に売り込みたいのであれば、それはもったいないと思います。**「オープン」という切り口があるからメディアに取り上げられる可能性が高く、時期を逸すると、内容で勝負するしかなくなります。**

第3章

お客様もしかり、オープンしたばかりだから行ってみようと思う方も多く、その時に、サービスや味が今一つだと期待を裏切ることになり、2度目の来店の機を失うことにもなりかねません。オープンに合わせて、万全な体制を組み、オープンという切り口をどれだけ生かすかが大きなポイントになります。

②時代の流行をアレンジして取り入れる

自社の一方的な提案よりも、時代に合わせた仕掛けのほうが興味を持ってもらえます。

「こんなに商品を扱っています」とまんべんなく売りたいものを並べるより、トレンドや世間が注目している内容に合わせて絞り込みながら提案し、話題を集め、それをきっかけに全体の売り込みを行っていきます。

③一推し内容を大々的に展開する

入店した時に、一推し内容が一目でわかるよう、スペース展開、ＰＯＰなどを活用することはお客様だけではなくメディアの方に訴求することにもつながります。

売場での見え方、見せ方はとても重要です。売りたいもの、売れるものをどう装飾して見せていくかもＰＲの１つといえます。

④良い企画を立てるためには日頃から情報収集をする

ひらめきは、日常のささいな情報がきっかけで出てくることが多くあると思います。情報は単にストックするだけではなく、「何かの時に活用しよう」という野心を持ったり「どんな場面で活用できるか」を考えたりしながらストックしていくと、企画のアイデアが生まれます。そのアイデアは、やがて大きな企画へとつながる可能性もあります。

⑤テレビディレクターの気持ちになって画を考える

テレビではどんな画が使われているか、番組やニュース等の映像を思い出しながら、テレビ映像として映える画や動きのある画を意識した企画を立ててみます。テレビで取り上げられる画は、新聞、雑誌、ＷＥＢなどあらゆるメディアにも通用する画となっていきます。

広報の目

広報を成功させる鍵は、「タイミング」「流行のアレンジ」「わかりやすい商品展開」「情報のストック」「ストーリー性」。

PART 3 新商品にこだわらずともPRは成功できる

「半歩後」からストーリーを構築した銀座三越の「ふんどし」

通常、企画型広報戦略の狙い目は市場の「半歩先」だと思っています。お客様の意識や流行の「一歩先」を行ってしまったら、誰もついてくることができません。でも、半歩先であれば、お客様も興味を持ってついてきてくれる。喜んでくれる。そういう方程式をプランタン銀座の石井社長から教わってきました。

ところが銀座三越の広報に移ってから、半歩先どころか「半歩後」から物語を構築することになった事例がありました。

2005年春のある日、テレビ局のディレクターさんからこんな電話がありました。

「銀座三越では『ふんどし』を『クラシックパンツ』という名で扱っていませんか？」

ふんどし？　まさか?!　ボクサーパンツとかではなく？　いまは昭和も過ぎて平成なのに?!

口にこそ出しませんでしたが、正直私はそう思いました。しかし、ここは老舗三越ですから、伝統回帰の現象もありえるのかも……。

この電話をきっかけに売場を調べてみると、確かに紳士下着売場に「クラシックパンツ」は存在したのです。しかも驚くことに数種類もあり、三越オリジナル商品までもありました。つまり、リピーターの方がいらっしゃるということです。

紳士下着売場は広報のチェックポイントにはなっていたのですが、袋に入っていれば普通の下着にしか見えないですし、もちろんディスプレイもありません。陳列棚もメインの商品であるブリーフやトランクスの下、目立たないところだったのです。

扱っている事実をディレクターに伝えると、フジテレビ系列の「トリビアの泉」という番組で、「銀座三越では『ふんどし』をクラシックパンツとして売っている」という内容で放送してくれました。三越のオリジナルをはじめ、様々な色柄のふんどしをファッションショー形式で伝え「100へぇ」中の「66へぇ」を獲得！　多くの人にとっても意外であり、新鮮な驚きだったのです。

そして放送後の反響がすごかった。プランタン銀座時代に得意にしていたスイーツではなく「ふんどし」ですから、正直あまり反響を期待していなかったのですが、放送翌日から次から次へと売れるようになり、完売する色まで出てきたのです。その結果なんと3日間で年間の販売量に匹敵する数が売れたのです。

これはただごとではありません。広報としても現場と連携しながら、「半歩後」の後追いをしつつ、この商品を売り込む戦略を立てました。

まずは売場担当者からお客様の声をヒアリングしました。

「このクラシックパンツはどんな用途で売れているのでしょうか?」

すると、担当者は次のようなお客様の声を教えてくれました。

「昔、父親が使っていたので自分も使ってみたい」

「パンツよりも楽で涼しい」

「面白半分で彼氏や男友だちへのプレゼントにしたい」

今までは旦那様の代わりに来店する年配の女性がメインで、若い方の購入はほぼゼロでしたが、老若男女に売れているとのこと。売場担当者は驚きを隠せない面持ちでした。

売場では、放送後3週間しても売上が落ちることなく売れ続けたため「ふんどしには潜在的な需要がある」と捉え、大きなチャレンジを行いました。

一番下だった陳列棚が上段になり、1列が2列に増え、売場の奥には半身ボディを使ってのディスプレイもできました。商品的にも新たなデザインを投入し、バラエティ豊かになったのです。

それ以降、広報としても楽しくなり、記者やディレクターさんへの「口コミ広報」を心

第3章

がけました。

「最近ふんどしがものすごく売れているんです」

取材の折にそんな話を始めると、「三井ちゃん、やめてよ。うそでしょ〜」と、「半歩後」を歩いていた時の私のような反応が返って来ます。

そこで、「まずは売場を見てください」といってお誘いすると、その売場の状況に驚かれました。

真っ先に記事にしてくださったのは産経新聞でした。「ランキング・ベスト5」というコーナーで売れ筋のふんどしが紹介されました（161ページ参照）。

その後、ほとんどの方が、企画や特集を考え、改めて取材をしてくださいました。こうなると一種の社会現象ですから、メディアの方も次々と取材にやってきてくれます。気がつくと「トリビアの泉」以降も取材が入り続け、新聞、雑誌、テレビなど各メディアで取り扱われ大きなブームとなりました。

商品が売れ続けたことで、売場でも夏にはボディ・ディスプレイを2体に増やし、冬でもボディ展開をやめませんでした。メディアの方にとっても、売れているという事実がボディという「画」で見られる（一般的にはふんどしのボディ展開などあるわけがないと思っていた）

男の"勝負下着"

今週の第1位

「銀座三越ではクラシックパンツと称して、ふんどしを売っている」と、人気番組「トレビアの泉」（フジテレビ系）で紹介されたのが四月下旬。それからたった二週間で、四百枚が売れた。今までは一年で二百枚ぐらいだったそうなので、これは大変な数字である。テレビの影響とはいえ、これほどの人気はまったくの想定外。単なる数字だけでなく、想定外のニーズがあることもわかった。汗かきの人や、浴衣用、お祭り用とここまでは以前と変わらない。しかしゴムアレルギーの人、体が不自由なおじいちゃんの介護用など、切実な需要もあったのである。へぇ～、へぇ～。

一位は赤ふん。赤で縁起を担ぐ人が多く、日本男児の勝負下着にはキリッと赤ふんがふさわしいのである。

ランキング・ベスト5

■クラシックパンツ（ふんどし）

①赤ふんどし	630円
②白ふんどし	525円
③金魚柄 シルクふんどし	2100円
④肌色ふんどし	630円
⑤ペイズリー柄 シルクふんどし	2625円

【銀座三越】

おしゃれなペイズリー柄

三越オリジナルのふんどしはピンクや黄色など10色から選べる。シルクふんどしはサラサラとした風合いで心地よい。さらしをグルグル巻く本物のふんどしと違って簡易タイプなので、誰でも簡単に締められる。マンネリ気味の恋人にプレゼントしたら、新たな男らしさ発見でクラッと来るかもよ。

2位は清潔感あふれる白。ちょっと透ける感じもたまんないっす。3位はかわいい金魚が泳いで、彼女の浴衣と合わせてもマル。こなれた感じを出したければ4位の肌色。5位はシックな柄と風合いで、かなりオシャレ。つい1カ月前までは片隅でひっそりと過ごしていたふんどし。目につきやすい場所に昇格も果たし、猛暑を前に活躍できそうだ。

（コピーライター　黒野智子）

（2005年5月14日　産経新聞　朝刊）

2006.4

ロハス的な下着･･・本格的なブーム到来の予感！？

★　クラシックパンツ＝ふんどし　大人気　★

昨年半年間で５０００枚以上販売

今年も「ふんどしの時期」がやってまいりました！

昨年、１本のテレビ番組がきっかけで、爆発的に人気となった「クラシックパンツ」

通常年間約200枚ペースでの売上げが、半年で5000枚以上売れたという驚異的な数字！

また、品切れ状態が続き、生産が間に合わなかったのが現状です。

ふんどしは、夏の商品イメージが強いと思いますが、冬になってもその勢いは衰えず
月約200枚は売れ続けておりました。

今夏は、「アパレル業界初のふんどし製造」や「下着メーカー本腰のふんどし製造」

「無地しか扱っていなかったメーカーさんが初の柄物製造」

更に**「ふんどしと同柄のＴシャツまでも登場」**予定。

様々な業界がふんどしに着手し、力を入れているため
本格的な**ふんどしブーム到来**の予感！！

銀座三越では、年間商品として扱っておりますが、5月上旬から順次様々な新作が入荷します。

下着売場、本格的な「ふんどし展開」です！

★今年の展開内容

種類：　最大で６０種類以上（約３０柄）：水玉・ｱﾙﾌｧﾍﾞｯﾄ・金魚・ドラゴン・虎・花火･雲　等
（骸骨柄・妖怪柄は6/6～特設ゆかた売場にて展開予定）
素材：　綿１００％・シルク１００％
価格：　５２５円～２１００円
購入者：　老若男女

★人気の理由

・ゴムがないため締め付け感がなく履き心地が良い、綿100％で通気性が良い、開放感がある
・新たな下着という感覚で若者が購入
・赤ふん・白ふんだけでなく色柄の豊富さが女性にもプレゼント需要として人気
・甚平や浴衣に合わせて粋に着こなす、またロハス感覚で着用
・越中ふんどし（簡易ふんどし）の為着脱が簡単

★4月の数字　約３００枚販売
※４月は新入社員歓迎会の時の余興にされる人も多いようです！

★展開場所

6階「紳士肌着売場」現在ボディ使用で展開中！　8階「ゆかたガーデン」（6/6～）

2006年4月当時　銀座三越プレスリリース

わけですから、説得力が増したようです。

「ふんどし」ブームは冬になってもまったく衰えず、1年間でトータルすると、前年比40倍の売上となったのです。

翌年は、前年の実績とさらに新しい傾向を盛り込んだプレスリリースを作成し（162ページ参照）、メディアへアプローチを行いました。

そして、ふんどしブームは、2年目に突入することとなりました。

この例に見られるように、昔からある商品であっても1本のメディア露出をきっかけに、**現場と広報が一体となって発信し続ける戦略を考えれば、一過性のブームではなく持続的な人気を得ることができます。**その意味でふんどしは、私にとって忘れられない商品になっています。

広報の目

1つの番組放送をきっかけに、「半歩後」を追いかけることで継続して売れる仕組みづくりをする。

2 時流に乗って4年前に発売されたカルタが再燃

2017年に発売された「人生よかったカルタ」という商品がありました。このカルタは、読み札にネガティブなことが書かれており、絵札を見つけた人は「良かった！」と言って取り、なぜ良かったのかをポジティブな表現で応えます。何があってもすべてを受け止め、その中からポジティブなことを見つけ出す。「遊び」を通してその癖をつけておくことで、マイナスからプラスの方向へ切り替えることができるというものです。

このカルタは、外資系の教育会社で世界2位、日本トップの成約率を誇った「営業のカリスマ」と呼ばれている和田裕美《ひろみ》さんが考案したもので「大人版・こども版・おじさん版」があります。

和田さんとは、2020年の新型コロナウイルス蔓延による緊急事態宣言が発令される直前に知り合い、様々な話をしていった中の1つが、このカルタのことでした。

人生よかったカルタで探せ

遊びながらプラス思考が身につくカルタが注目を集めている。その名も「人生よかったカルタ」。読み札や絵札に描かれているのは失敗や挫折ばかり。だが、物事は考え方次第でプラスに転じ、自分の力になると気付かせてくれる。長引く自宅での自粛生活。思考がついネガティブになりがちだが、親子で「よかった探し」をして明るい気分になってはいかが？

子どもたちにとって重いテーマでも考えるきっかけになる＝ＨＩＲＯＷＡ提供

自粛生活 明るい気分に

「なぜ」をポジティブに

「『こ』校長先生の話が長くてよかった」「『む』むし歯ができてよかった」――。「人生よかったカルタ」の読み札と絵札には、ネガティブにとらえがちな言葉や絵が描かれている。通常のカルタと同様に１人が札を読み上げ、絵札を見つけた人は「よかった！」と言って札を取る。取った人は「なぜよかったのか」を考え、ポジティブな言葉で発表する。例えばこんな具合だ。

「て」転校してよかった
回答例　よかった！　新しい友達がたくさんできたから

「な」仲間はずれになってよかった
回答例　よかった！　独りぼっちの人の気持ちがわかったから

回答は一つではないので、一緒に遊ぶ人の意見も参考になり、さまざまなとらえ方や考え方があることに気付く。いじめや仲間はずれなどセンシティブな内容も含まれるが、動物などを主人公にしたユニークで親しみやすい絵札のおかげで客観視でき、前向きに考えられる仕掛けだ。家族で楽しめる「こども版」のほかに「大人版」「おじさん版」もある。

休校後に注文相次ぐ

考案したのは、ビジネスコンサルティングなどを手がけるＨＩＲＯＷＡ（ヒロワ、東京都渋谷区）の和田裕美代表。セミナー受講者に職場の研修などで役立ててもらおうと「大人版」を作ったところ、小学校教諭の目に留まり、子ども向けも作ってほしいと依頼された。千葉県八千代市の小学校の協力を得て、子どもたちに読み札の言葉を考えてもらい、２０１７年12月に「こども版」を発売した。

当初から広告宣伝はしておらず、時折小学校からの注文が10個単位で入る程度だった。だが今年に入り学校が休校になって以降、口コミで知った個人からの注文や問い合わせが相次いでいる。３月以降はそれまでに比べ月３倍以上の売れ行きで、４月下旬に増刷を決めたという。和田代表は「家にこもっていると子どもに注意する回数が増え、どうしてもイライラしてくる。親子で『よかった探し』をすることは、親の精神安定にもつながっているようだ」と話す。

[redacted]さん（[redacted]）は、和田代表のブログでカルタの存在を知り「元々ボードゲームやカードゲームが好きだったので買ってみた」。小学６年生の長女と遊んでいるが「子どもの思いがけない本音が聞けることもある。いいことを考えて言葉にするので、遊んでいると笑顔になり『あったかい時間』が過ごせる」と満足そうだ。

「人生よかったカルタ」のこども版は１６５０円。公式サイトのほかアマゾンでも購入できる。

【銅山智子】

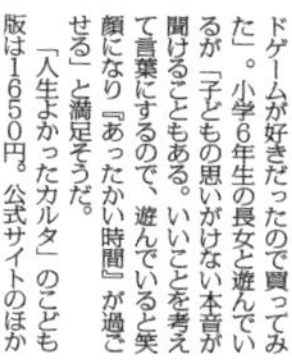

「人生よかったカルタ」を考案したＨＩＲＯＷＡの和田裕美代表

（2020 年 5 月 29 日　毎日新聞　夕刊）

和田さんが提唱されている「陽転思考《ようてんしこう》」とは、無理に明るくするのではなく「泣いていい」「心配していい」「落ち込んでいい」けれども、苦しいことから目を背けるのではなく、それらを受け止めてから「可能性を自分で考える」思考のことです。

自粛続きの今、ネガティブな思考に陥りがちな人も多いはず。もっとプラス思考で物事を捉えよう。という提唱はとてもいい話です。大人やおじさんは、今カルタで遊んでいる場合ではないくらい大変な状態にありますが、子どもには、平穏な気持ちを保ちながら、いつでも前向きでいてほしいと願うのが親の心情ではないかと思います。

そこで、売れ行きを伺ったら、やはり！ 問い合わせが増えているとのこと。3年前の物でも、この時期に売れているのであれば、ぜひ、「人生よかったカルタ」のメディアリリースをさせてほしいと伝えたところ、このカルタが子どもたちのためになるならぜひ！ということで即実行となりました。

「巣ごもりグッズ」として、「普通のカルタではなく、プラス思考で物事を考えるというのがいい」。また「こども版」は小学生とともにつくったという経緯があり、「子どもの意見が反映されているのもいいね」とおっしゃるメディアの方も多く、複数の新聞やWEB

メディアの方に取材をしていただくことになりました（165ページ参照）。
また、その新聞記事が、テレビの取材にもつながり、様々なところで「人生よかったカルタ」の存在を改めてアピールすることができました。

今までは、道徳の時間に使いたいということで学校からの注文が多かったそうですが、コロナ禍で個人需要が増え、2カ月で1000個の注文が入ったとのこと。
コロナの状況下でも普通のカルタだったら取り上げていただけなかったと思うのですが、「陽転思考」を取り入れていること、また人々が不安になっている時期だからこそ、このカルタの存在価値があるのだと確信しました。
PRによってこのカルタの存在を知り、購入された方が少しでも前向きになってくれていると思うと、PR活動をやらせていただいた甲斐があったと嬉しく思います。

広報の目

発売から時間が経った商品でも、社会情勢や人の気持ちと紐づけられる要素があれば、新ためてPRは可能であり、売れ始める。

第3章

3 動きのないWEBサイトを「動きのある画」としてテレビへ売り込む

2010年頃から、手芸を得意とする方が、自身で作られた手づくり品を直接消費者へ売ることができる売買サイトが注目されていました。手作り売買サイトのプラットフォームを立ち上げようと企画していたある通信会社から、11月頃のサイトオープン時に合わせてのテレビPRの依頼がありました。

この売買サイトでは、売り手は、自分でお店を開き、自撮りした商品をアップしていく方式でした。買い手は、ファッション、アクセサリー、キッチングッズなどジャンルごとに商品を検索、目的のものとマッチングできます。

テレビ局からは、**「WEBサイトは画面の中の出来事で、動きがないから画になりにくい」**と言われたことがありました。**リアルな動きがないと撮影してもらえないならば、画面の中のものを動かせばいい。**そう考えました。

サイトオープンは3月だったので、シーズンモチベーションを考え「入園・入学グッズ」をテーマに特集を組むことにしました。働くお母さんが多い時代、手作りで入園・入学グッズを揃えるのは、とても大変なことです。

比較的入手しやすい市販の入園グッズは、キャラクターデザインが多く目につきました。そこで東京・白金台在住の手芸大好きなママさん数人に、シンプルで少しエレガントな雰囲気のデザインでグッズを作成していただき、サイト上で目を引く特集を組みました。

また、実際に手作りをしているママさんからは、安全ピンでつける「簡易ポケット」が密かに人気、という新しい情報をもらいました。「最近の洋服は、ポケットのないデザインも多く、ハンカチを入れる場所に困ることから『簡易ポケット』を作る人が増えた」というのです。サイト上でもアップする売り手さんが多く、リアル店舗よりさきがけの話題となっていました。

その売り手さんの一人に、簡易ポケットの需要についてやつくり方を伺い、取材があった場合の協力をお願いしました。

これで売り込む材料が揃ったことになります。

①通信会社による新規ビジネスへの参入（手作り売買サイトがオープン）

②新学期がスタートする時期に合わせて「入園・入学グッズ」の特集

③まだ準備をしていない方への助っ人的な役割

④手作り好きのママさん（売り手）のアイデアによる新しい便利なグッズの存在

⑤売り手の取材の確保（白金台の手づくり好きのママさんと、簡易ポケットを製作しているママさん）

⑥実際に購入してくださった方のコメント

この6つの内容で、テレビ局の方にアプローチを試み、ニュース番組と朝の情報番組で放送をしていただきました。ニュース番組では新規ビジネスへの参入として企業のPRに、情報番組では実際の売買サイト利用者になりうるママさんたちへの訴求ができました。

WEBサイトの中でも、必ず人が動いて仕事をしていることを考えると、その人の動きと時代背景などを組み合わせれば、取材可能な状況がつくれます。

たとえそれが目に見えない無形のサービスだとしても、サービスを提供する人と受ける人がいて、それがどれだけ今の時代を反映しているのかなどの要素を入れられれば、メディアへのアプローチも不可能ではないと思っています。

広報の目

リアルでもWEBでも、広報に必要な要素は変わらない。必要なのは時代・時期に合わせたニュースの視点とリアルな撮影が可能な企画の発想。

社内初の育休・産休取得　家事育児との両立に必死

実は、プランタン銀座では、産休も育休も私が初めての取得者でした。1999年当時はまだ子育て支援制度がなかったので、時短勤務をする発想もなく、産休前と同様のシフトで働いていました。私が復職してまもなく、転職が決まった後輩の男性から「三井さんは子どもがいるのになぜ辞めないいんですか？」と聞かれたことがありました。悪気はなかったのかもしれませんが……。

なぜ出産を理由に辞めなければいけないのか？　私にはわかりませんでした。「辞めたい人が辞めればいい」。後輩の問いかけにこう答えた記憶があります。

平成の初期はまだ寿退社が普通の時代で、まして子どももいるのにまだ働くのか、そのように思う世の男性はまだたくさんいたのかもしれません。私の場合は、子どもが1人、2人と生まれても仕事への想いはまったく変わらず、子育ても仕事も楽しくて仕方がありませんでした。

これは、広報という仕事が好きだからこそ、できたことです。よく人から「仕事と子育てを両立できていてすごいね」と言われますが、何をもって「できている」というかは、人それぞれだと思います。決して、私はできていたわけではありませんでした。でも、いろいろな人に手伝ってもらい、たくさんの人に迷惑をかけながら、「なんとかできていた」。そういってもよかったのかもしれません。

長男の育休中には引越しをして、実母を近所に呼び寄せ、子育ての環境を整えました。しかし、老いた母にすべてを託すことはできず、友人や親せきに頼んで保育園の迎えやベビーシッターなどをお願いしました。

それでも働きながらの子育て、いや、2人の子どもを育てながらの「家庭維持」は、容易ではありませんでした。現在は、子どもも成長し逆に手伝ってくれるようになり、楽になりました。

第4章

メディアの特性に合わせて情報発信を仕掛ける

テレビ制作会社直伝！　企画採用のポイント

テレビ制作会社では、テレビ番組にディレクターを派遣したり、契約している番組の企画から制作までのすべてを請け負うなどの仕事をしています。

実際に、あるテレビ制作会社で「ガイアの夜明け」の企画会議に数年間参加させていただいたことがありました。

1つの企画を立てるのに、何度も会議を重ねてブラッシュアップさせ、社内会議を通過した企画だけがテレビ局に提案されます。しかし、局側で採用されない可能性もゼロではありません。

まずは、テレビ制作会社の会議を通過しなければいけません。制作会社にはそれぞれのこだわりと色があり、今までの制作経験や企画内容の手ごたえなども含め、企画をジャッジしていきます。そのため、**ある制作会社で企画が成立しなかったとしても、他の制作会社では成り立つ、ということがあるのだと知りました。**

企画の切り口が同じかどうかはさておき、どの段階でNGになったかを把握しておくことで、同じテーマでも、次のアプローチの仕方があるということです。

また、時期の問題もあります。提案した時は時期尚早で、1年、2年経ってから世の中の状況に合わせて、復活することもあります。制作会社の方へ売り込みをして不採用であった場合は、理由をはっきり尋ねるとよいと思います。

とくに大きなポイントは、**私たちが提供する情報に興味を示してくださるディレクターさんに出会えるかどうかです。**

私たち広報は、売り込みたい情報の中から最大限のニュースポイントを探して、テレビ番組の企画・編集を行う立場であるディレクターさんにアプローチをします。ディレクターさんが企画に興味を持ってくれると、より魅力的なポイントを探し、新しい視点で分析し、番組企画にしようと努力をしてくださいます。

提供する情報に興味を持ってくださるディレクターさんがいれば、百人力ということ。逆に、まったく興味のないディレクターさんへいくら話をしてもそれ以上発展はしないため、見極める目を持ちましょう。これはテレビ以外のメディアでも同じです。

広報の目

メディアの方に興味をもっていただけるように、その好奇心の琴線に触れる提案を心掛ける。

2 「メディア分析」で最適な売り込み先を見極める

広報担当者の使命は「どうやって『メディアの視点』を見極められるか」にかかってきます。そのためには「メディア分析」をして、日頃から新聞記事や番組を研究することが重要です。

メディア分析をしておくと、売り込みたい情報が出てきた時に、的を射たアプローチが可能になります。

どんなに良い情報であったとしても、見当違いのコーナーに売り込んでいては取材には

つながりません。ここなら興味を持ってもらえるだろうと思えるようなコーナーや記事を見つけるために、メディア分析をすることをお勧めします。

私は新卒で入社した当時から、メディア分析をし続けてきました。「これは最も大切な仕事だったのだ」とのちに気づき、その本質を理解するようになりました。この分析がしっかりできていれば、広報は成功するとさえ思っています。

新聞に目を通す時は、以下のポイントを念頭に置いて紙面を読んでいきます。

①紙面と担当部署、さらに署名をチェックする

経済面は経済部、社会面は社会部が担当していますが、生活面は、生活部、生活情報部、文化部、または社会部だったりするところもあり、新聞社によって担当する部署は異なります。最近では署名記事も多いので、特に興味のある内容の記事を書かれている記者の名前はチェックしておくとよいでしょう。

②何面に何の記事が、どういうポイントから掲載されているか

同じテーマであっても、掲載される面によって記事の切り口が異なります。何をポイントに取り上げていただきたいと思うかで、売り込む部署が変わります。

たとえば「バレンタイン商戦」の記事でも、経済面ではバレンタイン商戦の売上見込み、今年の傾向や、チョコレートがどう商況に影響するか？　などをニュースとして取り上げます。取材のタイミングは、百貨店などがチョコレートの流行の傾向を発表する時期や、新商品の発表時、チョコレートの催事場が設けられた初日などとなります。

一方、トレンド面や生活面になると、今年ならではの目新しいチョコレートや、チョコレートの原料やカカオ豆の栄養素などに注目するなど記事の視点が異なります。露出のタイミングは、バレンタイン商戦が始まってからのほうが多いように思います。

③レギュラーコーナーの掲載日、頻度をチェックする

新聞各紙には、毎月、毎週、定期的に同じタイトルでコラム化されているレギュラーコーナーがあります。記事の内容をよく分析してみてください。各紙を調べると、レギュラーコーナーは結構あります。

たとえば産経新聞では、「近ごろ都《みやこ》に流行るもの」（182ページ参照）という企画記事が、ほぼ毎週月曜日に掲載されます。ここではちまたで流行る旬なものや時代の特徴を示すトレンドなど、様々なジャンルの情報を扱っています。読売新聞には「装」というファッションが切り口のコーナーがあります。

また「人物欄」は各紙に必ずあります（183ページ参照）。新聞によって新社長の紹介や話題の人の紹介など、切り口も様々です。日々これらに目を通し、その特徴や傾向をしっかり把握しておくのがお勧めです。売り込みたい情報が出た時に、とっさに「あのコーナー」に合うのではないか？　と頭に浮かぶようになると広報の仕事がしやすくなります。

イベントや催事などの告知の欄に関しても、新聞によって体裁が異なります。文字だけの欄もあれば、写真付きの欄もあり、記事あたりの行数なども違います。一度見比べてみると勉強になると思います。

また、**同業他社の記事の分析もぜひ行ってみてください。**その際に確認することは、次

第4章

「脳トレ手芸」登場　針仕事で若さ維持

刺繍《ししゅう》で認知症予防！　ニンテンドーDS用ソフトなどを大ヒットさせた「脳トレ」の第一人者、川島隆太博士（NeU《ニュー》取締役CTO兼東北大加齢医学研究所所長）が検証実験と監修を務めた「脳トレ手芸」シリーズが発売され、手芸店で話題だ。今後販売チャンネルを多角化し、男女問わずの普及を目指す。昭和の頃には当たり前だった家庭の針仕事も手ごろな衣料の普及で廃れているが、手先と脳の機能は「Use it or lose it（使うのか、それとも失うのか＝川島博士の提唱）」という脳トレの基本。脳科学の面から手芸の潜在力を探りたい。

（重松明子、写真も）

刺繍で認知症予防

大型手芸店「ユザワヤ」蒲田店（大田区）をのぞくと、脳トレ手芸の売り場が展開されていた。昨年末に発売された第1弾、クロスステッチ刺繍キット（糸、針、布、フープ・額、ドリル付き1408円から）9種が並んでいる。

図案を見ながら布のマス目を×状に埋めてゆくだけで、見栄えの良い模様が完成するクロスステッチは初心者にも取っつきやすい。目を数え、刺し方の段取りを考える「高次脳機能」を使うため脳トレに最適という。頭に計測装置を付けて作業中の脳活性を確認できるサービスも実施中（首都圏6店舗。体験無料）。計測するのは脳の前頭前野で、記憶や思考力、行動と感情を制御する認知機能の根源となる場所である。

近ごろ都に流行るもの

「脳トレ手芸」売り場で、刺繍による脳活動量測定の接客をする佐藤眞由美さん（右）。もうすぐ80歳になる　＝大田区のユザワヤ

「では、ここから刺していきましょう」

テキパキと接客する佐藤眞由美さんは、3月で80歳になる古参店員。老眼鏡もかけずに布地の穴を指さし、立ち仕事を軽々とこなしている。手芸の腕も万能だ。「若い頃は、洋服でも何でも欲しいものは自分で作らなくちゃならなかったから。今も毎日の手芸と仕事が楽しい。元気だけが取りえなの」。驚きの若さ。「お客さまも手芸を続けている方は年をとらない」とほほ笑んだ。

店舗のほか公式サイトでも販売し、スマートフォンで脳年齢チェックも受けられる。脳トレ手芸を企画した畑中宏元常務(35)は「認知症予防という付加価値が証明できれば、多くの方に手芸に関心を持っていただけるのでは」。ツテを頼り、東北大と日立ハイテクが設立した脳科学企業「NeU」にたどり着く。

川島博士は「脳トレの手段は長く続けられることが大切。楽しく前向きに前頭前野を鍛え、認知機能の維持・向上が実現できれば」と依頼を快諾した。

「脳トレ手芸」キットの一例。クロスステッチ刺繍の完成後はそのまま部屋に飾れる

昨夏行った1回目の実験では18人の男女（平均66歳）が参加し、クロスステッチ未経験者の9割以上が「楽しかった」と回答。比較対象として動画視聴も同条件で行ったところ、刺繍作業時は動画視聴時より8・5倍も高い脳活動量を示した。また、1週間毎日15分刺繍を続けた73歳女性は脳年齢80歳から76歳に、同様に79歳女性も脳年齢78歳から74歳に若返った。「家事全般が便利になった現代生活は脳にとってはマイナス要因。1日10～15分の手芸など脳を積極的に使う習慣を」とNeUの担当者。

脳トレ手芸シリーズは発売1カ月で1200キットを販売。5月をめどに第2弾の「編み物」を発売し、ストール、靴下、セーター…と難易度も幅広く展開する。また、葛飾北斎など人気名画の刺繍再現も提案し、今後は生産体制を高めて薬局や介護施設、クラウドファンディングなど販売の多角化を進めてゆく。

◇

川島博士の「大人のドリル」シリーズは累計602万部、DS用ソフト「脳トレ」シリーズは累計3400万販売と平成の一大脳トレブームを築き上げ、令和で「手芸」シリーズも加わった。完成品を飾ったり使ったりできる実用性も達成感を高めてくれるだろう。

令和2年版「高齢社会白書」によると、令和18年には65歳以上の高齢者が3人に1人となる。認知機能が衰えてキレやすくなったり言動が暴走したり、晩節を汚す老人の姿は悲しい…。針仕事をこの手に取り戻し、明るい超高齢社会に備えたいものである。

（2021年1月25日　産経新聞　朝刊）

「経営者、役員、社員等」を取り上げる掲載欄（全国紙、経済３誌）

対象	メディア	タイトル	掲載面	掲載日	概要
経営者	日経	「私の履歴書」	朝刊最終面	1カ月間毎日	高名な財界人が年間8人程度登場。連載後は単行本化が常道。
経営者	日経	「私の課長時代」	朝刊企業面	週1回×3回程度	社長が課長時代を振り返る。1部上場企業の社長から日経が選抜。
経営者	日経	「人間発見」	夕刊	月～金の5回	話題のある会社、話題のある社長を取り上げて〝読み物風〟に連載。
経営者	日経MJ	「トップに聞く」	3面	適宜	MJ編集長の「社長インタビュー」欄。メーカー・サービス・流通系の社長が対象。
経営者	産経	「直球緩球」	経済面	適宜	経営者を並列させて、経営課題を対比させたり、意見の相違を取り上げたりする。
経営者	日刊工業	「社長インタビュー」	各産業分野の面毎	適宜	多い日は10人ほどの社長が登場。上場の有力企業が対象。
経営者	日刊工業	「日本を支える有望企業」	中小企業面	適宜	日刊工業新聞の支局記者が地元のユニークな企業をピックアップ。
社員	日刊工業	「リケジョneo」	1、4面	毎週月曜日	企業でバリバリ働いている理科系出身の女性を取り上げる。
経営者	毎日	「インタビュー最前線」	4面	適宜	話題のある会社、話題のある社長を取り上げる。
面白い人	朝日	「ひと」	2面	毎日	面白い人、時の人、話題の人を基本的に毎日掲載。
面白い人	毎日	「ひと」	6面	毎日	面白い人、時の人、話題の人を基本的に毎日掲載。
面白い人	東京	「この人」	3面	毎日	面白い人、時の人、話題の人を基本的に毎日掲載。
面白い人	朝日	「フロントランナー」	土曜別刷be1、3面	土曜日	〝先端を行く人〟を取り上げる。
面白い人	朝日	「凄腕しごとにん」	月曜夕刊	月曜日	その世界で〝何か〟をやり続けている人の仕事の量を〝数字〟で取り上げる。
経営者	日経ビジネス	「新社長初心表明」	毎号	—	上場及び有力企業の新社長が対象。
経営者	週刊ダイヤモンド	「新社長Who's Who」	適宜	—	上場及び有力企業の新社長が対象。
役員	週刊ダイヤモンド	「オフの役員」	毎号	—	有力企業の役員の趣味や異能・諸芸などを紹介。
経営者	週刊東洋経済	「トップに直撃」	毎号	—	有力企業の社長インタビュー。

筆者調べ

の3点です。

①1社の独占記事なのか複数同業他社の絡んだ記事なのか
②異業種との組み合わせ記事なのか
③どんなテーマなのか、自社との共通点はないか

それらを分析した上で、その**記事に自社も載れる可能性がなかったのかを確認**します。可能性があったとすれば、「そんな切り口で取材してもらえるのか」というニュースの視点を学んだことになります。

他社の記事を読んで少しでもヒントを学ぼうとする意識が、広報にとっては一番大切であり、これは他のメディアにおいても同じです。

広報の目

「メディア分析」をして、定期コラムなどをまとめておくと、スピーディーに広報ができる。

3 取材時における暗黙のルールを把握する

新聞や新聞社系の雑誌の場合、「出稿前に記事を見せてください」とお願いすることは基本的にNGです。記者さんによっては依頼しなくても原稿を見せてくれる場合もありますが、それはまれなケースだと思ってください。基本的には取材以降は記者さんの権限で記事になるので、何か取材内容に不安がある場合には、取材終了前までに記者さんとコミュニケーションをとる中で解消しておきます。これは写真についても同様です。

インタビュー取材の依頼があった際は、「取材後に原稿と写真は確認できない」ことを取材を受ける人に伝え、事前に了承を得ておきます。

テレビ局の場合も、新聞社と同様に「撮影した映像を見せてください」「撮影した映像をカットしてください」というお願いはNGであることが多いです。

報道と情報番組によってもその対応は異なりますし、メディアの方との関係性などによっても異なるとは思います。映像の撮り直しなどは、時と場合によってはしてくださる

第4章

方もいらっしゃいますが、カットしてもらいたい映像は最初から撮影されないように事前に手配しておくのがベストな広報対応です。当たりまえのように「さっきのカットしてもらえますか？」というストレートな表現は嫌がられますのでお気をつけください。

広報の目

広告ではない限り、記者から確認依頼の連絡が来なければ、記事の事前チェックはできないと心得ておく。

4 SNS、プレスリリース有料配信サイトの活用で検索率を上げる

広報をする上で「テレビに取り上げてもらいたい」からテレビ関連の方だけへのアプ

ローチをしているというケースがよくあります。間違いではありませんが、実は、メディアミックスをしながら幅広く情報を発信してこそ、テレビに取り上げてもらえる機会が増えます。メディアの方が情報収集するのに、近年は、ネット検索が一番多くなっています。自社のSNSやWEBメディアを活用して、検索率を高めましょう。

私は、この数年担当した様々な案件によって、ニュースや芸能、展覧会、スイーツやフィットネス関連のWEBメディアの担当者と知り合うことができました。ひと案件ごとに対応することで、メディアの性質や担当者のことを知っていくわけですが、WEBメディアと一言でいっても、大手企業が発信するものから個人運営のものまで、数えきれないほどあります。

どのメディアが、何をテーマに、誰をターゲットにしているのか、信頼性はあるのかなどを知り尽くすことは至難の業です。

PRが本職の私ですが、情報発信する際、自分とつながりのあるWEBメディア担当者に直接情報を提供する以外に、案件によっては「プレスリリース有料配信サイト」を活用することがあります。

配信サイトを運営する会社はいくつかありますが、WEBメディアだけではなく様々なジャンルに精通したオリジナルのメディアリストも確保しています。そして、登録されているメディアの方々へ自分がつくったプレスリリースを配信してくれます。

発信企業である私が直接サイト上でリリースアップの作業をするのですが、リリースの内容に合わせてメディアセグメント（選定）をしてくれる会社のほか、自分でメディアを選ぶことができる会社もあります。**メディアリストで特徴を細かく記載している場合もみられ、勉強になることもあります。**

このサービスを使ってリリースすることで、その配信サイトの運営会社が契約しているいくつかのWEBメディアに情報が掲載されます。どれだけの効果があるかは、発信企業の目的によりますが、有料配信サイトを活用するのもひとつの手ではないでしょうか。

広報の目

メディアミックスした情報発信で、情報を集めているメディアの方々の目に留まるように工夫し、テレビへの露出を狙う。

5 思わずメディアが目を留めるプレスリリースの書き方

実をいうと、小学生の頃から国語が大嫌いだった私は、社会人になっても文章能力はやはりいまひとつでした。一番てこずる仕事、それが「プレスリリースの作成」でした。

しかし、「メディア分析」をしたりメディアの方と話をしているうちに、書き方のコツが徐々にわかってきました。もちろん今でも100%の出来ではないのですが、以前、メディアの方に褒められたポイントを下記にお伝えします。

ただし、人事関係や経理関係のリリースは、専門書を参考にして法的な表現にも気をつけて作成するようにしてください。

①枚数は少なく、余白を多めに

プレスリリースはシンプルが一番。必要なことだけをA4で1枚か2枚にまとめるのがお勧めです。ある記者の方曰く、余白があったほうがメモがとれていいのだそうです。用

第4章

紙に空きスペースがあるからといって無理に情報を押し込めずに、空白があってもいいという意味です。

②見出しにはインパクトを

一番大切なのは見出しです。車内吊りの広告やテレビの番組表も短い言葉を使って印象づけ、購買や視聴につなげています。プレスリリースも同じで、各社の広報から毎日大量に届く中から忙しいメディアの方に選び出してもらい、目を通してもらうには見出しに一工夫する必要があります。そのため、見出しは「内容を凝縮し、想像が膨らむような言葉で目立つ」ものであること。見出しを変えただけでもかなり印象は変わるはずです。

さらにいえば、伝えたい内容に**「初」「新」「ナンバーワン」などの切り口がある時は、それらをぜひ見出しに使ってください。**「今年初登場」「世界新」「業界ナンバーワン」という文字が並ぶと、かなり注目されます。

③リード文は簡潔に

リード文では、本文の内容を簡潔にアピールします。よく見かけるのは、プレスリリースのリード文に「○○株式会社（本社住所○○、代表○○）」と書かれていることです。これは1つのセオリーになっているようですが、記者さんたちは「タイトルとリード」だけで必要な情報かどうかを判断するともいわれています。企業の住所などは、文末に書いてもいいのではないかと私は思っています。

④本文はわかりやすい言葉で

一般の新聞がどのくらいの学力レベルの人を対象に書かれているかご存じですか？　実は中学生から高校1年生程度だといわれています。これはわかりやすさを重視した結果だそうです。

同様にプレスリリースも、あまり難しい言葉や専門用語を使ってしまうと、ごく一部の人にしか伝わらず、読むことすら嫌がられてしまいます。業界独特の言い回しやカタカナ語を極力使わないことをお勧めします。

記者さんの中にはその業界を初めて担当する人もいるので、誰もが業界に詳しいと思っての対応は避けたほうがベストです。誰にでも伝わる言葉で書くこと。これが一番のポイントです。

⑤内容の裏付けと分析を入れる

私が重要視しているのは「内容の裏付けと分析」です。たとえば、ふんどし（第3章PART３の1、156ページ参照）の情報なら、数字の裏付けがポイントです。扱い点数、売上枚数、その昨年比など。また、購入者層や購入理由などの現状と、なぜ売れているかなどの**分析を詳しく載せる**ほうがメディアの方に理解していただけます。

そして、「３の法則」（第1章3、36ページ参照）に則って、話題として関係するネタがあれば、自社情報ではないものを盛り込むこともお勧めです。プレスリリースに入れられなければ、補足資料として伝えるのも１つの方法です。

「あまり詳しく情報を入れすぎると、プレスリリースだけで記事が書けてしまうので取材に来てもらえないのではないか？」と心配する広報担当者がいらっしゃいました。私の経験では、告知のコーナーは別として、基本的にプレスリリースだけで記事を作成することはほとんどありませんでした。必ず一度は連絡をくださっているので、現場に取材に来ていただけるかどうかは、その時のコミュニケーション次第だと思います。

⑥なぜ今このネタなのかの理由を入れる

「今そのネタを取り上げる理由は?」というメディアの方からの質問（第1章3の②、41ページ参照）に答えるべく、その理由を書きます。例をあげてみましょう。

・インフルエンザの時期だから、発表する
・最近の夏は異常気象だから、気候に合わせてお勧めの商品を記載する
・8月31日は「やさいの日」だから、など記念日を記載する

発表のタイミングは、時事ネタに合わせて、そろそろだなと誰もが感じる時期がベストです。

広報の目

プレスリリースはシンプルで、有益性と必要性を感じてもらえるように書くこと。
広報が「書きたい」ことだけではなく、メディアが「読みたい」ことを書くこと。

第4章

6 「なんちゃって記者」体験で学んだプレスリリースに求められる情報

新人時代、私はある貴重な経験をしました。それは、実際に新聞紙面に載る記事を書かせていただいたことです。つまり「なんちゃって記者」になって、自分が書いたプレスリリースを元に記事を書いたことがあるのです。

プランタン銀座に入社した当時のこと。ある新聞の生活面に、「この店のこの逸品」という、約４００文字で１つの商品を紹介する小さなコラムがありました。私はそのコーナーに当時売れていた「フレグランスポット（香りのポット）」という商品を掲載してほしく、記者さんに売り込みました。

するとそのコーナーは取材して記者さんが書くのではなく、広報担当者自らが文章を書き、写真も撮って掲載するコーナーということがわかったのです。

「商品は面白いからあなたが書いてくれれば掲載するよ」と言われ動揺しました。

「えっ、私が書くんだ……」

当時、新人の私には途方もない挑戦だったのです。でも「自分で書けば載せてくれるなら」と思い、やらせていただくことにしました。

記者さんが用意してくれた前例の記事を参考に、自分で書いたプレスリリースを見ながら記事を書いてみました。言うまでもありませんが、いざ原稿を書こうとしてみると、限られた文字数で商品の魅力を余すところなく伝えるのは素人には難しいことでした。

いざ記事を起こしてみると、足りない情報がいくつも出てきたのです。その時、この足りない情報をリリースに盛り込むようにすればいいんだ。と気づかされました。

このように、広報目線ではなく記者目線で自分の書いたプレスリリースを確認し、自社のニュース記事を自分で書いてみるというのは一つの勉強法です。

経済ネタであれば、経済面の記事を参考にして、どんな情報が必要でどう組み立てればいいのかを考える。**「なんちゃって」経済記者になって「書き手」として考えると、プレスリリースに欠けていた内容が見えてきます。**ぜひこの「むちゃ修業」を試してみてください。

第4章

広報の目

プレスリリースを記者視点で見直すことで、何が足りないか、改善すべきかが見えてくる。

7 プレスリリース発信のベストなタイミングと効果的な一押し

プレスリリースは出しっぱなしでは意味がありません。「発信したあとのフォロー」が一番大切です。メディアの方には、毎日多くの企業から数えきれないほどのプレスリリースがメールやFAX、郵便などで送られてきます。取材業務の合間に目を通してもらったり、記憶に留めてもらったりするのは、かなり難しいことです。**送る側は、「見ていただけていないかもしれない」ことを念頭に置いて、送り方を工夫しましょう。**

プレスリリースの発信からフォローまでのポイントを下記にご紹介します。

相手が会ってくれるなら名刺交換した方や担当の方にアポをとり、手渡しすることがベストなのは間違いありません。直接会えば話も弾みますし、関連する他の情報もお伝えすることができます。また相手からも「最近こんな情報を探している」と、新しいネタを仕入れることもできます。お目にかかれることは、メディアの方と親しくなるチャンスです。コロナ禍でのコミュニケーションは、メールだけではなく、電話や顔出しリモート面談のほうが、気持ちが伝わるように思います。複数の方に発信する場合は、すべての方に会うのは難しいので、郵便やＦＡＸ、メールなど様々な手段を使用します。

◆郵送する場合

封筒を開けてもらうには、封筒の表面に資料のタイトルを書くようにします。「バレンタイン資料在中」「クリスマスに対する女性の意識アンケート在中」など、中身の資料の内容がわかれば、興味を持ってくださる方が増えて「どれどれ」と開封してくれると信じての行動です。中身が見えてもいい場合には、透明のビニール封筒を使うのもお勧めです。

◆ＦＡＸする場合

以前は、宛名を「部署御中」ではなく、個人名（フルネーム）で記入するようにしていました。ところが、ある記者さんによると、それではどこの誰と親しいかが周囲にバレてしまうし、担当者が異動した時に、きちんと届かない可能性があるとのアドバイスを受けました。

それ以来私は、ＦＡＸの場合は「部署御中」にするやり方を実践しています。ＦＡＸが御中なら、担当の記者に届く可能性があるからです。

しかし、記者さんによっては、ＦＡＸ送信は、重要な資料が埋もれることがあるから遠慮してほしいとおっしゃる方もいます。最近ではリモートワークとなったため、記者さんが出社されないケースも多くあります。担当者を知らなかったとしても、送る前に**「今から送りますのでよろしくお願いいたします」と一言連絡を入れるのがベスト**だと思います。これには正解がないので、相手と送る内容に合わせて工夫をしましょう。

ＦＡＸの場合は、小さなフォント、網掛け、暗い写真には気をつけます。つぶれて何も見えないことがあります。一度自分宛にＦＡＸを送ってチェックするのもお勧めです。

◆メールで送る場合

名刺がある場合はメールで個人宛に送っています。しかし、ある記者さん曰く、「売り込みメールが毎日大量に届くからすべて見切れない」とのこと。内容を読んでもらう（添付資料を開いてもらう）には、一工夫が必要だと思っています。

「思わずクリックしたくなるような件名」と「添付資料の内容が一目でわかるファイル名」を工夫します。件名と添付ファイル名が同一なのは、一番もったいないと思っています。アプローチタイトルは多いほうがいいですよね。

◆動画や画像をメールで送る場合の注意点

「WEBメディア担当者」の場合、動画を扱う方と静止画を扱う方の2パターンがあります。送るデータは、動画なのか静止画なのかがはっきりわかるようします。これは、知人のWEBメディア担当者に言われたことです。

WEBメディア担当窓口宛のBCCメールとなると特に、毎日大量の情報が送られてきて、開けるのにひと手間がかかるので、全部見切れないこともあります。どんな画像なのかがわかるように、**興味をそそるタイトルをつけてもらえると思わずクリックしたくなる**のだそうです。

メディアの方にお送りするプレスリリースの考え方はいろいろあります。「ニュースとして価値がある」内容を常にお送りできればよいのですが、広報担当としては、「さほどのニュースではなくても、もしかしたら興味を持ってもらえるかもしれない」「アナウンスだけでもしたい」という内容のものもあると思います。

常に受け取るメディアの立場を意識してお送りすると、必然的に対処方法も変わってくるように思います。メディアの方にとってどうでもいい内容を送り続けていると、「またつまらない情報が来た」と思われてしまい、以降、開けてもらえなくなることもあり得ます。

プレスリリースは数を撃てば当たるという意識ではなく、数を撃ってしまったリスクも意識したいところです。

◆送るタイミング・発信後のフォロー

プレスリリースは、送るタイミングも大切です。大きな事件が勃発していたり、スポーツの世界大会やオリンピック、選挙など社会的で大きな動きがあったりする時にはメディアの方は忙しく、紙面も限られますので記事になる可能性も少なくなります。そういう時は可能なら発信を控えて、次のタイミングを待ったほうがいいでしょう。

前述のように、すでに名刺交換している方であれば、**リリースを送った後に「届きましたか？」など、電話のフォローをすると見ていただけることが多くありました。**

その後、資料を見ていただいた感想を伺いながら、アポイントをいただきたい旨を伝え、コミュニケーションをとります。メディアの方からご意見をいただくことは、プレスリリースの採点にも匹敵しますし、メディアの視点を理解する最良の方法でもあります。

メディアの方は忙しくされているので、広報担当者と会うかを迷われる場合もあるでしょう。そんな時、広報担当者は、電話口で有益な情報を持っていることをどれだけ伝えられるかがポイントです。**相手にとって有益な情報は、プレスリリースの内容だけにとどまりません。**「ここだけの話ですが」的な言い回しもアリだと思います。

また、自分の持っている情報とマッチングしそうな記事や番組があるのに、担当者を知らないという場合は、該当コーナーの部署に飛び込みで電話をして、売り込みたい内容を簡潔に伝え、資料を送らせてほしいと依頼していました。

第4章

電話口に出た方が、そのコーナーの担当者名を教えてくだされればラッキーです。その担当者へ資料を提供して、その後、再度、電話をかけます。しかし最近では、個人情報保護の観点から、担当者の名前も電話番号も教えてくださらないことがほとんどです。

それであれば電話口に出た方に、「〇〇のコーナーには『決して無駄にならない情報』だと思うので、ご担当者へ渡していただきたい」と伝え、資料を送らせてもらいます。

さらに、電話口に出てくださった方のお名前は忘れずに伺っておきます。名前を聞かれてしまうと、「ちゃんとやらなきゃ」という意識が生まれるのは、メディアの方も同じだと思います。担当でもない方のお手を煩わせるのは承知ですが、何とか資料を担当の方へ渡したいという想いには代えられません。

広報の目

送り先に応じて、どんな方法で、いつ送るべきかなど、常に考えて行動する。
送った後の一押しは結果を左右する。

column

働く女性広報としてどう生きてきたか④

仕事も家庭も後悔しないために

現在は、夫と長男（22歳）、次男（18歳）の４人暮らしです。思い返せば、子どもは仕事であまり手をかけてあげられなかったのに、結構スクスクと勝手に育ってくれました。

親としての失敗も、もちろんたくさんありますが、朝から晩まで働きながら、子育てはやれることを精いっぱいやったつもりです。もっといろいろとやってあげれば良かった、という想いは後になると出てきますが、これ以上はできませんでした。でも「素直に育ってくれてありがとう」というのが私の想いです。子育ては成長に合わせて進化しますが、終わりもなければ正解もないと思っています。だからその時々、自分流で一所懸命やることが、後悔しない唯一の子育て法だと信じています。これは、仕事においても言えることです。

当時、近所に住んでいた実母の協力は、計り知れないほどありがたいものでした。その、実母は2010年、72歳で突然発病し、1週間後に他界してしまいました。その時、長男は小学校5年生、次男は小学校1年生でした。まだ家事や育児に手がかかる時期です。今度は義母が手伝ってくれるようになったのですが、私は仕事と家庭の体裁を整えるのに必死でした。

義母のやさしさに感謝しながら、同時にこれまでどれだけ実母に頼っていたかに気づかされました。このまま義母を頼りにしてはいけないと思い、義母の負担を少なくして、自分でやれることを増やすように努力しました。まず、通勤時間はすべて仕事に充てました。

個人的なSNSはほとんどやらず、友人や後輩とのお付き合いは自粛。メディアの方との夜の情報交換は極力ランチ時に変えるなど、とにかく残業しないよう工夫をしました。

今から考えると、当時の私はすべてに必死で全体が見えていませんでした。もっと余裕を持てたらよかったのですが、自分のことだけではないのでそれは難しいことでした。仕事に余裕ができても、その分は子育てに回っていました。

「旦那様がいるのだから、そんなに一所懸命働かなくてもいいじゃない」と言われたこともあります。しかし、仕事が好きで働いている者からすると、夫がいようといまいと関係ありません。

子育てをしながら仕事をするか、仕事をしながら子育てをするか、つまり仕事と子育てどちらに重きを置くかという発想の違いもあるのかもしれません。私はフィフティーフィフティーだったと思ってはいますが、第三者から見ると後者とも言われます。様々な方やサービスの力を借りてなんとか両立することができたと感謝しています。

今は、掃除や料理のつくり置き、食材配達など様々な家事支援のサービスが次々に登場し、格段に働きやすい環境となりました。私も活用しています。その分はお給料から出ていってしまいますが、気持ちの余裕には代えられない。そう思えるようになりました。

優先順位は人によって違います。１つずつ、自分で納得できる「後悔のない生活」を選んで毎日を過ごすこと、それが一番であると感じています。

エピローグ

プランタン銀座の幕引き、新しい時代の広報

プランタン銀座閉店へ――最後のメディアPR

私の広報人生の中で最も大きなイベントを記しておきたいと思います。それは2016年12月31日。プランタン銀座の幕が下りる日でした。

すでにこの時私は、会社を立ち上げ、独立して3年が経過していました。その年の夏、読売新聞東京本社総務担当で、マロニエゲートの初代社長に就任が決まっていた木村透さんから突然、声がかかりました。

「あなたはプランタン銀座の内情をよく知っていて、『マロニエゲート銀座1』のオープン（2007年）のPRもしてくれたらしいね。あなたの話が弊社の社長から出たんだよ。プランタン銀座の最後を、プランタン銀座らしさをキープしながら広報をして、スタッフが少しでも笑顔でいられるように手伝ってもらえないか」というお話でした。

その言葉を聞いた時の、「驚きと戸惑い」そして「ありがたい気持ち」をどう表現していいかわかりませんが、なんともいえない一瞬でした。私は「はじめに」でも書いたように、新卒でプランタン銀座に入社して17年間広報を担当してきました。

流通業界が冬の時代に突入していた2002年、プランタン銀座の親会社であったダイエーの経営が行き詰まり、有利子負債返済のために、プランタン銀座の株式を、土地建物の所有者である読売新聞東京本社と三越に譲渡することになったのです。

その株式譲渡から半年後、2人目の子どもの産休に入りました。2004年、銀座三越へ、さらに2006年からは読売エージェンシーに出向し、一度もプランタン銀座には戻らずに、2011年に早期退職をしました。自分の中での締めくくりがなされないままプランタン銀座を卒業することになり、やり残した感情をもっていたのは事実です。

しかし、木村さんからの声かけで、プランタン銀座の最後の広報に携われるのであれば願ったり叶ったり。「現社員の方々が私を受け入れてくれるのなら、もう一度やらせていただきたい」と、そのように伝えました。

懐かしのプランタン銀座での全体会議に初出席の日。周囲を見回すとほぼ8割が元同僚の仲間たちでした。しかしそこには、私の知っている会議の雰囲気はありませんでした。

社長と店長は三越出身の方になっていましたし、資本が変われば社長はもちろん、企業

エピローグ

のポリシーもスタッフの働き方も変わります。ましてや閉店するわけですから、以前と変わっていて当然です。

親しくしている元先輩には、「ミイちゃん、あと数カ月で名前がなくなるから、こういう雰囲気なんだよ」と言われました。「いったい私に、これから何ができるんだろう」と、ふと思いました。10年以上プランタン銀座を離れていたことが、大きな穴であることを実感した一瞬でした。

この時の私は、社員とは同じ立ち位置ではないということを自分自身で理解しながらも、心意気としては社員に戻ったつもりで、みんなとともに最後のプランタン銀座の広報をやり遂げるために全力を尽くすと決めました。

2 10年ぶりのプランタン銀座で私ができることとは

まずは広報の初心に帰って、現状とスタッフの意識を把握することから始めました。スタッフにしても、半年後にはプランタン銀座の名前がなくなるわけですから、前向きに明るくなれるわけがありません。

それでも、プランタン銀座を愛してくださったお客様のために最後まで何をすべきかを、自分の転職先がまだ決まっていない仲間までもが必死に考え、仕事をしていました。

有楽町駅から歩き、プランタン銀座の前の交差点で信号待ちをするたびに、40、50代の女性たちが、「若い頃よく来たんだよね」「なんとなくフランスの香りがあってよかったよね」「福袋買いに来たこと何度かあるんだ」「なくなっちゃうんだね」と話しています。そんな言葉を耳にするたびに、涙が出そうになりました。

最後のアプローチの広報テーマは「プランタン銀座らしさ」に決まりました。「プランタン銀座らしさ」とは、現在のお客様にもバブル絶頂期に青春を謳歌されたマダムも喜んでいただけるような企画。お客様の満足が得られ、スタッフが楽しいと思えること。そして驚きと新奇性があるもの。

「セール」「売り尽くし」は、通常どれだけ売りさばけるかですが、「プランタン銀座らしさ」は、売りに徹するだけではなく、テーマを設け、掘り出し物を自分たちで見つけ、お客様にご提案することです。

「閉店だから安いよ！」「いいものあればもっていって！」の「特売会場」では「らしさ」は出ません。セール品の中から、「デートにお勧めコーディネート」「スポーツジムでワンランク上のコーディネート」などを探し、提案型でスタッフ自身がモデルとなって、ショーを行いました。

その時は、タレントのはるな愛さんがゲストで売り尽くしを応援しに来てくださり、スタッフもお客様と一緒に楽しむＰＲ方法を取りました。

3 「プランタン銀座ラスト福袋」の誕生

プランタン銀座といったら「福袋」です。翌年のお正月は迎えられないけど、全社員が力を注いで作り上げ、メディアの方にも認知されているこの福袋は、絶対やらなければいけないと提案しました。中心となる後輩の企画担当者からみれば、閉店の売り尽くしをしながら新しいことをする大変さとともに、矛盾も感じていたと思います。

なぜこんなことまでやるの？　猫の手も借りたいほどの忙しさなのに……。その葛藤を抑え、必死にすべてをまとめ抜いてくれました。私が考えたのは枠組みだけです。交渉など細かいことはすべて社員がやらなければ意味がありません。

それは外部スタッフの私がやれない、またやってはいけない領域です。なぜなら、つくったものに対しての**「社員の思い入れ、苦労、汗」が、お客様にも伝わり、メディアの方もそこを取材したい**からです。出来上がった福袋をPRするだけではなく、出来上がるまでの苦労や想いをアピールしたかったのです。

福袋のテーマは、「プランタン銀座ラスト福袋」としました。パリジェンヌやモンブランで有名なアンジェリーナといった、誰もがプランタン銀座から想像するテーマで作成しました。

目玉は、「プランタン銀座城ウォーキングクローゼット」です。プランタン銀座の館全体を「お城」、各ショップを「クローゼット」と考える。「クローゼット」には、プランタン銀座のイケメン執事が控えていて、お姫様に扮したお客様に似合う洋服を選んで、荷物を運んで差し上げるという企画です。

絶対どこにもマネできない、プランタン銀座の最後を飾るにふさわしい福袋になったと思っています。

販売したのは、最終日の2016年12月30日と31日の2日間でした。30日の朝には4000人の行列ができました。プランタン銀座最後の福袋を買い求めるために、昔よく来店したというマダムや、ずっと通い続けていたというOLなど、様々な方が、かけつけてくださいました。

メディアの方も、プランタン銀座の最後を惜しむかのように、懐かしさを込めて報道してくださいました。各メディアに、福袋をはじめとしたプランタン銀座のヒット商品をまとめてくださる記事が並びます。

福袋ができるまでの密着、リポーターによるお姫様体験、当日の販売現場の雰囲気の生中継、などなど。この最後の福袋の取材で、昔からプランタン銀座でお買い物をしていた方のコメントをもらいたいと、各メディアの方から依頼がありました。

そこで、福袋を仕掛け始めた1990年代、福袋の行列の先頭にいらしたお客様に約25年ぶりにご連絡しました。愛情あふれるコメントをいただいたおかげで、メディアの方から「掲載内容に深みが出ていい記事になった」と喜ばれました。

4 プランタン銀座、最後の日

そして、閉店当日、ラストの日。

最後のプランタン銀座を取材してくださるメディアの方にもプランタン銀座らしさを伝えたいと考えました。これまでの百貨店の閉店時には、シャッターが下がりながら奥で社長が頭を下げているシーンがつきものでした。

でもプランタン銀座は違う。最後もプランタン銀座らしく！ 笑顔でお客様への感謝と、スタッフみんなが1つになれることをしよう！ 企画担当者とそう考えて、1階で「OH HAPPY DAY」と「THANK YOU LORD」を、ゴスペル風に歌って閉めることにしました。

有志のメンバーだけの参加でもいいと思い、昼休みを使って何度も練習し、店舗の最後を迎えます。この行動を冷やかな目で少し遠くから見ていた社員もいました。しかしその社員も、当日はステージの後ろに立ってくれていて、社員全員が1つになっている感じを受けました。

Au revoir さよなら プランタン PRINTEMPS GINZA ㊥

福袋 事前公開で行列

流行押さえ企画勝負

ファッションやスイーツなど様々な分野で流行を生んできたプランタン銀座だが、中でも福袋は特別な存在だ。初売りの1月2日朝、福袋目当ての人々が、建物の周りに長い列をつくる。そんな光景は、新年の風物詩としてお正月のニュース番組の定番になった。

プランタンの福袋が一躍脚光を浴びたのは、1995年。前年の2倍以上多い約6000人が開店前に並び、翌96年には寝袋を持参して夜を明かす人が現れ、その数も1万人に。

1988年から2005年までプランタンの広報を担当した三井智子さん(51)は「老舗百貨店がしのぎを削る銀座で存在感を示すには、他店と同じことをしていてはダメだと思った」と振り返る。行列を伸ばしたのは、考え抜いた「中身」と「見せ方」にあった。

◇

プランタンでは開業翌年の1985年から福袋を販売。売れ残りや在庫処分品を使わないことにこだわり、11月頃には、年明けに売る福袋の中身を品評する下見会を開く。社長も交え、社内の様々な意見を戦わせる真剣勝負の場だ。94年末は、その下見会に初めてテレビ局の取材を入れた。

福袋と言えば、中に何が入っているかわからないのが当たり前。そんな常識を打ち破り、中身を事前に公開した。「どんな福袋ならお客さんが喜ぶか」。社員たちが大まじめに商品を選んでいる姿を見てもらうことで消費者に安心感を与え、大行列につながった。

群馬県高崎市に住む公務員の女性(47)は、4人姉妹で近くのホテルに前泊したり、始発の新幹線に乗ったりして何度か早朝から並んだ思い出がある。

「少しずつ近づく開店をわくわくした気持ちで待つ時間が楽しかった。あの行列が見られなくなるのは寂しい」と話す。

◇

今では定番となった企画モノの福袋もプランタンが先んじていた。福袋研究家の恩田ひさとしさん(51)は「当時の百貨店が売る福袋と言えば、服から食器までそれこそ何でも入っていた。プランタンは消費者の嗜好や流行を押さえたアイデア勝負の福袋が特徴だった」と話す。

全身のトータルコーディネートをそのまま詰め込んだ福袋、それをさらにエレガント系、カジュアル系などに細分化した福袋、憧れの芸能人に近づける福袋……。アイデアを出すのは主に広報や企画を担当する社員の役割だったが、実際にメーカー側と交渉するのは売り場担当の社員。「10円下げられないか」「何とか交渉してくれ」。社員同士の議論はいつもヒートアップした。

「みんな一丸となって少しでもいいものを作ろうと必死だった。福袋は社員たちの血と汗と涙の結晶なんです」。広報担当として様々な福袋のアイデアを提案してきた三井さんは、懐かしそうに話した。

◇

プランタンは年内いっぱいで営業を終えるため、年明けに福袋は売れない。それでも「プランタンと言えば福袋」というファンは多く、これまでの利用客への感謝の気持ちを込めて30日から「最後の福袋」を売り出す。

32年間ありがとうございました!
Merci SOLDES
さよなら
プランタン銀座
10/1
12/31
「最後の福袋」の中身を発表するプランタン銀座の社員ら（11月7日、中央区銀座で）

福袋を買い求めるためプランタン銀座前で行列をつくる人たち（2009年1月2日、本社ヘリから）

「宝塚と買い物セット」

[redacted]さん([redacted])

プランタンを利用し始めたのは、自由にファッションが楽しめるようになった大学生の頃から。最新の洋服がそろっているのにお得感もあるのがうれしく、当時は店員さんが憧れの存在でした。母と東京宝塚劇場で観劇する日は、プランタンの買い物もセットで2倍楽しい日に。フランス語のアナウンスが聞けなくなると思うと寂しい。これからどこで洋服を買おうか迷ってしまいます。

（2016年12月28日　読売新聞　夕刊）

もちろん私はステージには立てません。すでに社員ではないからです。でもそのステージの前で指揮をとらせてもらえて、感無量のプランタン銀座のラストとなりました。

多くのメディアの方が取材にいらしてくださいました。取材担当ではない記者さんまでも、です。そしてプランタン銀座の元社員の多いこと！　それぞれの思い出を胸に卒業式を行っているようでした。

32年間のプランタン銀座の「仲間力」が、複数のメディアで展開された「さよならプランタン銀座特集」（217ページ参照）につながったと思っています。プランタン銀座を育ててくださった、たくさんのメディアの方に感謝の言葉もありません。名前はなくなってしまいましたが、皆さんがたくさんの記事や映像に残してくださったおかげで、お客様に忘れられることはないと信じています。

5 withコロナの時代における広報のあり方を考える

本書執筆途中に、世の中は大きく変わってしまいました。新型コロナウイルスの世界的な蔓延により、2020年4月7日、安倍首相（当時）から1回目の緊急事態宣言が発令されました。私たちの生活はあらゆる面で激変し、多くの人々は外出を自粛し、テレビ番組を収録するスタジオでもソーシャルディスタンスが取られ、リモート出演が続きます。今までの経験からは考えられない、まさに未曾有《みぞう》の事態です。

その後、自粛が多少緩和されたり、再度緊急事態宣言が発令されたりする中、私たちは企業活動をなんとか続けています。しかし、以前と同じ状態に戻ることはまだ期待できません。広報活動はメディアキャラバンを控えたり、記者発表の手段もリアルではなく、リモートで開催したりするなど、密や対面を避ける傾向になってきました。

そんな中で、毎年行っていたJA全中の「やさいの日」のイベント企画が、2020

年8月にありました。「8月31日はやさいの日」を切り口に、国産野菜を知って、食べて、好きになっていただくのが目的のイベントです。

昨年までは、リアルなイベントを行っていましたが、今年は、女性や親子を対象にオンラインのイベントにシフトされました。

WEBサイトとインスタグラムを使っての訴求です。6つのコンテンツがあったのですが、その中の1つを取り上げ「リアルでやりたかったことを双方向でやりとりが可能なリモート企画」にしてメディアの方へ売り込もうと相談しました。

そして、子どもたちと一緒に時間を共有できることを考え、「リモート収穫体験」を企画したのです。


抽選で当選した100人の参加者へ事前にミニトマトの鉢を送付して育てていただき、リモート当日に、生産者のアドバイスとともに実ったトマトをみんなで収穫するというものです。当日は、北海道から九州までの70世帯約100人が参加してくださり、各々の鉢を見せ合いながら、状況を伝え合いました。

オンラインで各地をつなぐ「リモート収穫」企画は、おそらく日本で初めてだったと思います。メディアの方にも興味をもっていただけると信じ、**撮影取材が入った時のことを考え、発信元である現場の見せ方にも工夫を凝らしました。**

写真の見映えで取材の決定をされることも多々あるため、より取材したいと思ってもらえるように「こんな画もとれます」という表現をリリース内に追記したかったのです。

そのポイントは、スクリーンの大きさと華やかさです。

通常のリモートでしたら、発信元の作業として、生産者の方と収穫するトマトの鉢が1つか2つあれば、イベントとしては事足りるのですが、**発信側の現場をメディアの方が写真撮影することを考え、まず、1カットで、リモートの収穫であることがわかるようにしました。**実施した会場、大手町の「アグベンチャーラボ」には、120インチ2面の大きなスクリーンがあり、そこに鉢を持った子どもたちを映し、その画像の前にステージをつくりました。

ステージには、子どもたちの鉢と同じ条件で育ったミニトマトの鉢を5つ設置し、「やさいの日」にちなんだカラフルな新鮮野菜も飾って彩りを添えました。バックのスクリーンにはタイトルを大きく映し出し、その前で生産者が収穫のアドバイスをすることにしました。

その結果、NHKやMXテレビのニュース番組、新聞社数社がいらしてくださり、メディアの方からもコロナ禍でのイベントとして、工夫を凝らしたものであったとの評価をいただきました。現場では、メディアの方が興味を持った参加者へ画面越しにインタビューをするなど、リアルイベントの時とほぼ変わらぬ個別取材がなされていました（223ページ参照）。

コロナ禍でリアルな収穫体験が自粛となっていた中、リモートとはいえ生産者とともに収穫できた体験は、子どもたちにとって思い出に残る夏休みの1コマになっていたようです。

そんな経験も経て、withコロナをきっかけに、広報のあり方、やり方にどんな変化が生じるのかを考えました。しかし、**リアルが減少してリモート、ネット社会になろうとも、広報の基本は変わらない**のではないかとも感じました。

自社で発信していく内容に「新奇性」を追求することが、口コミとして、またメディアの方の興味としても、つながっていくのは間違いないように感じています。

野菜栽培 オンライン助言 JA全中

全国農業協同組合中央会（JA全中）は30日、野菜の魅力を伝えるオンラインのイベントを開いた。JA全中は、8月31日を「やさいの日」としてPRしており、新型コロナウイルスの感染拡大を受け、オンラインでの開催となった。

各地の子どもたち約100人が参加。事前にミニトマトの苗が送られ、家で育ててイベントに臨んだ。今夏は悪天候が続いたため生育が悪く、この日の収穫はできなかったが、きちんと育つように、水やりなどのアドバイスを受けていた。

ミニトマトの水やりなどのアドバイスをする出演者（30日、千代田区で）

また、野菜を使った実験も披露。[redacted]さん（[redacted]）は、「パクチーでコーラを作る実験が楽しかった。コーラにはならなそうと思っていたのでびっくりした」と笑顔を見せていた。

（2020年8月31日　読売新聞　朝刊・夕刊）

エピローグ

おわりに

まず、新型コロナウイルス感染症によってお亡くなりになった方々に謹んでお悔やみ申し上げますとともに、罹患された方々には心よりお見舞い申し上げます。また、感染拡大の防止に尽力されている医療関係者をはじめとしたエッセンシャルワーカーの多くの皆さまに、心から感謝申し上げます。

2016年、惜しまれつつ閉店した「プランタン銀座」。私はここで多くのことを学び、広報の基礎を築いてきました。学んだすべてを書き記したかったということが、本書執筆の最大の動機でした。読者の皆さんに1つでも参考になることがあれば幸いです。

本書を書かせていただくにあたり、自分の行動やその考え方がどうだったかを細かく自問自答しました。言葉として書くことで、自分でも気づいていなかったことを知る機会にもなり、納得と反省の繰り返しだったように思います。

しかし、広報の立場は仲介役。広報側からの視点、現場からの視点、メディアの方からの視点、それぞれ見方や考え方も違うと思います。

言葉と想いが至らなく、ご不快に思わせたりしていることなどがありましたら、私の不徳のいたすところで、どうかご容赦いただければと思います。

本書の出版にあたって2年以上のご指導とご協力をいただきました作家の神山典士さん、編集担当の山崎絵里子さん、師匠である石井智恵子さん、また、アドバイスをいただいたテレビ局や新聞社のメディアの方々、プランタン銀座をはじめ、各職場でお世話になった広報や各部署の諸先輩方や同僚、後輩の皆さま他、関係者の皆さまへの感謝を胸に、広報が社会に果たせる役割について、今後とも試行錯誤しながら考え、精進していきたいと思います。

公私ともどもたくさんの失敗を繰り返しながらも、今、大切な家族や仲間に見守られ、そして大好きな広報という仕事につけていることに心から感謝しています。
最後まで読んでいただき、本当にありがとうございました。

2021年9月

三井　智子

◆ 著者プロフィール

三井　智子（みい　ともこ）

広報プランナー・プロデューサー・コンサルタント
株式会社Office Me 代表取締役

1988年、「OLの聖地」と呼ばれた伝説の百貨店・プランタン銀座に入社。自ら売り込む「企画広報」を考え、個性的なスイーツを集めた「プラ地下」や、コンセプト福袋など多くのブームを生み出し、メディアに引っ張りだこの百貨店へと成長させる。

プランタン銀座の株主変更を機に、2004年、銀座三越へ出向し、広報として福袋やふんどし、焼きいもなどヒットの一翼を担う。

2006年、広告代理店読売エージェンシーに出向し、銀座の商業施設のオープンから7年間広報プロデューサーを務めるほか、サービスエリアやアンテナショップのオープンの広報担当を務める。

2014年、株式会社Office Meを設立。

自治体の地方創生、農業女子プロジェクト、その他食材や企業の社長ブランディングなど幅広いジャンルの広報に携わる。

キャリア約30年の広報知識と経験、ネットワークを生かし、世の中の話題になる企画作りから、テレビ・ラジオ・新聞・雑誌・WEBなど、主要メディアへの露出機会拡大と話題作りまでトータルプロデュースを行う。

株式会社Office Me（オフィス ミー）
http://office-me.co.jp/

企画・編集協力　神山　典士
組版　GALLAP
装幀　藤　星夏（TwoThree）
校正　菊池　朋子

仕掛ける力

売れる広報の鉄則

2021年9月30日　第1刷発行

著　者　三井　智子
発行者　松本　威
発　行　合同フォレスト株式会社
郵便番号 184-0001
東京都小金井市関野町 1-6-10
電話 042（401）2939　FAX 042（401）2931
振替 00170-4-324578
ホームページ　https://www.godo-forest.co.jp
発　売　合同出版株式会社
郵便番号 184-0001
東京都小金井市関野町 1-6-10
電話 042（401）2930　FAX 042（401）2931
印刷・製本　新灯印刷株式会社

ISBN 978-4-7726-6151-5　NDC 674　188×130

合同フォレストSNS
合同フォレスト
ホームページ
facebook
Instagram
Twitter
YouTube